172

현대인의 사랑과 성

현택수

(고려대학교 사회학과 교수)

東 文 選

현대인의 사랑과 성

책을 펴내며

이 책은 현대인의 섹스 · 동거 · 결혼 · 불륜 · 이혼 · 독신에 대한 사회학 리포트이다. 이 보고서는 교양인을 위해서 현대인의 사랑과 성적 욕망의 본질을 규명하고 성 의식과 성적 행위의 사회적 의미를 설명한 것이다.

책의 전반부에서는 서구 석학들의 성 담론을 소개하고 평가하면서 성 정체성과 성문화의 이해에 필요한 이론적 배경을 제공하였다. 그 중 제II장은 내용의 다채로움에도 불구하고 지적 호기심이 강한 사람에게도 좀 딱딱하게 느껴질 수 있을 것이다. 이것이 부담으로 느껴지는 독자는 이 부분을 뛰어넘어 읽기 시작해도 괜찮다.

제III장부터는 비교적 평이한 문체로 개념과 이론을 현실에 접목하여 분석하는 시도를 하였다. 그리고 제IV, V장에서는 한 걸음 더 나아가 조사 통계·소설 등 자료를 최대한 이용하면서 한국적 상황에 대한 분석을 하였다. 물론 여기에서도 간단한 개념과 이론적 설명이 가끔 나오고, 비교문화적 관점에서 흥미를 가질 만한 서구의 사례나 자료도 제시되고 있다.

책 전반에 걸쳐 주요 서적과 신문·인터넷 등을 참고 문헌으로 사용하였으나 책의 성격과 독서의 흐름에 따라 상세한 인용 및 출처 제시를 생략한 경우도 있음을 밝혀둔다. 그리고 전체적으로 객관적인 현상 분석과 설명만을 하려고 했으나 저자의 주관이 개입된 부분도 없지 않아 있을 것이다. 그것이 얼마나 현상의 본질을 더 잘 드러냈는지 혹은 왜곡했는지는 독자의 판단에 맡길 수밖에 없을 것 같다.

막상 성에 대한 책을 펴내자니 좀 긴장이 된다. 학자가 연구 대상으로서 성을 다룬다는 자체가 조심스런 일이기 때문이다. 그만큼 성 분야 연구는 의학·생리학·심리학·사회학·윤리학·여성학·법학 등 여러 학문이 교차하는 분야라서 복잡하고 미묘하다. 더욱이 성에 관한 발설이 사회문화적 금기와 종교 및 여성 문제와 관련될 때에 저자는 종종 곤혹스런 상황에 처해지기도 한다. 우리 사회가 성 담론의 완전 자유를 허용하는 열린 사회로 보이는 듯하지만, 실제 발설자들은 종종 심한 사회적 비난에 시달리거나 심지어 구속되기도 한다. 성담론의 자유에 대한 대가치고는 너무 혹독하고 야만적이라고 할 수밖에 없다. 저자도 책을 내기에 앞서 이런저런 우려를 감출 수 없으나, 한편으로는 우리 사회가 과거에 비해 많이 성숙해졌다는 생각에 큰 걱정없이 책을 펴낸다.

이 책은 저자가 4-5년 전부터 이 분야에 관심을 갖고 써왔던 글들을 묶은 것이다. 단행본의 성격을 갖추려고 첨삭 수정을 하면서 원고를 보충한답시고 시간을 너무 끈 감이 있다. 그러는 동안 우리 사회에서는 불륜·동거 등 저자가 간파하고 예견한 현상들이 사회적 핫이슈가 되었다. 더 이상 출판을 미루다간 '현대인의 성'이 아니라 '고대인의 성'에 관한 책이 될 것 같아서 부족하나마 책을 내기로 했다. 독자의 반론과 질정 등으로 성 담론의 공론화를 기대해 본다.

2004년 3월 저자

SIGMUND FREUD

차 례

V. 불륜의 사회학

I
성의 생물학적 조건

1 화학적 반응으로서의 섹스

인간에게는 식욕과 성욕의 본능이 있다. 배고플 때 밥 생각이 나는 것처럼, 인간은 외롭거나 성적 자극을 받을 때 성적 욕망을 느낀다. 누군가를 사랑하고 또 섹스하고 싶은 인간의 욕망은 어디에서 비롯되는 것일까? 성적 관심, 성적 충동, 성적 흥분 등은 생물학적으로 보면 인간의 신체 유전자로부터 시작된다. 즉 인간은 유전자 지도에 따라 분비되는 성호르몬의 작용에 의해 이성에 대한 강한 호기심과 성적 욕망이 생긴다. 인간의 성욕은 이렇게 동물과 마찬가지로 성호르몬의 영향을 받고 있다. 발정난 동물처럼 봄철에 사람의 마음이 들뜨고 싱숭생숭한 이유도 계절 변화에 따라 호르몬 신진대사가 활발해지기 때문이다.

그러나 인간이 동물과 다른 점이 있다. 동물이 오로지 생식의 목적으로 발정기에만 성욕을 느끼며 스스로 이를 통제하지 못하는 것과는 달리, 인간은 환경과 감정의 상태에 따라 언제라도 성욕을 느끼거나 이를 조절할 수 있다. 인간의 사고와 판단의 인식 작용을 하는 대뇌의 신피질이 이 성욕과 성행위를 조절하는 기능을 하고 있기 때문이다. 생물학적으로 말해서 인간의 성욕이란 뇌의 밑바닥 부분에 있는 시상하부에 성욕의 중추가 있어 성호르몬 농도를 감지하고 조절하여 대뇌에 전달되는 것이다. 호르몬을 분비하는 정소가 제거되면 동물의 경우, 2차 성징도 나타나지 않고 교미도 하지 않지만, 인간의 경우 성욕이 가능한 이유가 섹스 욕망을 관장하는 곳이 뇌이기 때문이다.

호르몬 분비에 의한 인간의 성 욕구는 동물과 마찬가지로 종족 번식 본능이다. 그러나 오로지 생식 목적으로만 성행위를 하는 사람은 거의 없다. 성욕은 사랑의 감정과 육체적 자극에 의해서도 생길 수 있어 인간은 사랑의 표현으로 섹스를 하거나, 스트레스 해소와 쾌락을 위해 섹스를 하기도 한다. 그런데 후자의 경우 애정 없는 섹스, 책임지지 않는 섹스, 동물적인 섹스라고 비난받곤 한다. 그러나 이것은 틀린 말이다. 동물은 오로지 생식 목적으로 섹스를 하지만 새끼를 낳아 새끼들을 잘 돌본다. 그러나 인간은 생식 이외의 목적으로 애정없는 섹스를 한 후 비정하게도 자식을 버리기까지 한다. 물론 동물의 경우에도 생식 이외의 섹스를 하는 예외는 있다. 보노보 원숭이는 집단간의 긴장을 푸는 수단으로 섹스를 하며 결집력을 강화한다고 한다. 손님에게 아내의 몸을 대접하는 에스키모의 전통도 성의 생식 기능을 벗어난 예이다. 오늘날 프리 섹스나 매매춘의 경우는 생식 이외의 섹스, 쾌락만을 위한 섹스의 전형일 것이다. 인간이 생식 목적 이외의 섹스를 하는 이유는 인간만이 성적 환상과 쾌락에 빠질 수 있기 때문이다.

　동물이나 인간 모두 성적 흥분과 쾌락은 우선적으로 생물학적 조건에 의한 반응이라고 볼 수 있다. 남성의 경우 정액이 정낭에 가득 차면 성충동을 느끼게 되어 성기는 저절로 발기되고, 여성과 섹스를 하고 싶어진다. 사춘기에 몽정과 자위를 하는 것은 자연스런 호르몬 방출의 생물학적인 현상이다. 동물이 페로몬과 같은 성호르몬 분비 때문에 발정하는 것처럼, 인간도 성호르몬의 분비로 인해 성충동과 성욕을 느끼게 되는 것이다.

남성에게는 안드로겐(androgen)이란 남성 호르몬이 주로 분비되는데, 그 중 테스토스테론(testosterone)이란 호르몬이 강력하다. 여성의 경우 프로게스테론(progesterone)과 에스트로겐(estrogen)이 분비되는데, 미량이지만 남성 호르몬도 분비된다. 남성과 여성 모두에서 안드로겐과 에스트로겐이란 성호르몬이 분비되는 것이고, 성별에 따라 상대적 비중의 차이가 있을 뿐이다. 그런데 흥미로운 점은 여성의 경우에도 성욕과 성적 쾌락을 증진시켜 주는 데에는 남성 호르몬 안드로겐이 관여한다는 것이다.

인간이 사랑 감정을 느끼거나 섹스를 할 때에 호르몬 분비라는 체내 화학적 변화가 일어난다. 포르노를 보거나 신체적 접촉을 통해서도 인간의 성 감각이 자극받고 호르몬이 분비되어 흥분하게 된다. 인간이 이성의 성적 매력에 이끌렸을 때 눈빛이 달라지고 가슴이 뛰는 것도 화학적 분비물의 효과이다. 연애 초기 단계에 많이 분비되는 페닐에틸아민 · 도파민은 눈먼 사랑과 같이 생동력을 주고, 엔도르핀 · 옥시토신은 애착감 · 만족감 · 행복감에 도취하게 만들고 오르가슴에 이르게 한다. 오르가슴은 뇌의 쾌락 센터 속에 있는 신경들 사이로 아편 같은 엔도르핀(endorphins)이 발생되는 현상이다. 엔도르핀은 정서적으로 애착감과 평화감을 주는 반면, 페닐에틸아민은 몰래하는 사랑이나 불륜 같은 위기 상황에 스트레스를 이기기 위해 더욱더 사랑을 뜨겁게 하는 기능을 한다. 그러나 불같이 뜨겁던 사랑의 열정도 2,3년 후면 완전히 식게 되는 이유는 인간 몸 속의 페닐에틸아민의 분비가 점차 감소하기 때문이다. 또한 인간은 강박증 환자와 같이 뇌의 화학물질 세라토닌에 의한 증독증 때문에 새로운 연인을 찾게 된다고 한다.

이렇게 인간이 사랑을 느끼고 몸에 자극을 받으면 체내에서 발생되는 여러 호르몬의 화학 작용에 의해 쾌감을 느낀다. 이런 유사한 기능을 하는 외부의 화학 물질을 인간 몸에 투여하는 여러 실험에서도 인간은 똑같이 쾌락의 반응을 보인다. 이것은 인간이 느끼는 성적 쾌락이 화학적 반응 과정에 의해 영향을 받고 있음을 말해 준다.

한편, 뇌하수체와 연결된 뇌의 시상하부의 크기는 호르몬 작용과 관련이 있는데, 남자 두뇌 속의 신경세포 다발이 여성의 그것보다 크다는 것은 남녀의 성적 차이를 보여 주고 있는 것이다. 또한 동성애 남자들은 일반 남자의 뇌보다 시상하부의 간세포 핵 중 하나가 상대적으로 작다. 그리고 여자가 되고 싶어하는 성도착증 남성의 경우에서도 이 부분이 상대적으로 작다. 이같은 사실은 네덜란드 뇌 연구소와 암스테르담 자유대학에 의해 발견되었고, 인간의 성적 성향과 성 정체성이 생물학적으로 결정된다는 주장과 부합된다.

만약 인간이 동물처럼 발정기에만 성욕을 느끼고 섹스를 한다면 인간이 성적 쾌락을 느낄 수 있는 기회는 너무나 적었을 것이다. 그대신 인간의 성 통제는 매우 쉬웠을 것이고, 온갖 성 문제는 발생되지 않았을 것이다. 그런데 인간에게 성 본능을 조절하는 것이 뇌라는 점은 인간이 동물보다 우월한 장점인 동시에 아이러니컬하게 성의 사회적 문제들의 원인이다. 인간은 뇌의 상황 판단에 따라 언제든지 성욕을 느낄 수 있으며 쾌락의 기회를 찾는다. 때로 인간은 순간의 성적 쾌락을 위해 자신이 가진 모든 자원을 동원하며 값비싼 대가를 치르기도 한다. 성적 쾌락을 위해 돈으로 성을 매수하든지, 심지어 사랑을 얻기 위해 목숨까지 바치기도 한다. 특히 테스토스테론 호르몬에 의해 지배를 받는 남성의 경우 무모하거나 공격적으로 성을 쟁취하려는 경향을 보인다. 이처럼 인간의 이성에 의한 합리적인 행동 혹은 감정에 의한 무모한 행동은 모두 호르몬 분비의 화학적 반응에 의한 성적 쾌락과 만족감을 얻기 위한 행동들이다.

그러나 인간을 그렇게 흥분시키고 가슴 뛰게 한 사랑도 불과 30개월을 넘지 못한다고 한다. 이를 두고 흔히 애정이 식었다고 하는데, 이것은 대뇌에 항체가 생겨 사랑 감정과 성적 흥분에 관여하는 호르몬들이 더 이상 생성되지 않기 때문이다.

2 쾌락과 건강을 주는 섹스

인간의 성 욕구는 키스·애무·포옹 등의 신체적 접촉을 통해 강하게 자극된다. 그리고 성행위 당사자들은 이완감·기쁨·흥분·만족·소속감 등의 감정 상태를 느끼게 된다. 이렇게 섹스는 인간에게 쾌락을 제공하고 생활의 활력소가 된다. 섹스의 쾌락은 육체적 관계에 의한 화학반응의 결과이다. 그리고 인간은 섹스를 통해 큰 만족감과 일체감을 느낀다. 그래서 섹스에 만족한 사람은 혈색부터 남과 다르다. 배설로 인해 긴장감이 해소되고 기쁨과 만족감을 느끼기 때문이다. 이렇게 섹스는 궁극적으로 몸 전체 컨디션과 수명에 영향을 미치고 있다. 즉 섹스는 스포츠의 운동 효과처럼 인간에게 만족감뿐만 아니라 건강에 큰 도움을 주고 있다는 것이다.

　건강과 관련된 섹스의 운동 효과에 대한 흥미로운 연구들이 속속 나오고 있다. 예를 들어 사정 횟수가 많은 남성들이 적은 횟수를 보인 남자에 비해 사망 위험도가 절반 수준에 불과하다고 한다. 이는 영국의 사우스 웨일스에 사는 45-59세 남성 9백18명을 대상으로 1983년부터 10년간 조사 연구한 결과이다. 미국 듀크대와 다른 조사 연구에서도 성생활을 일찍 중단한 남자의 사망률이 높다는 것이 나타났다. 이것은 원만한 성생활이 생활 만족감과 대인 관계를 좋게 하여 건강과 장수에 도움을 주기 때문이다.

　성의학자 테레사 크레이크 박사에 의하면 성생활은 다음과 같은 이유에서 건강에 좋다고 한다. 즉 섹스는 한번에 2천5백 칼로리를 소모하는 효과적인 유산소 운동이어서 심장에 좋고 호르몬을 분비시켜 근골격계를 단련시킨다. 섹스는 콜레스테롤을 낮춰 주고 대신 건강에 유익한 고밀도지단백(HDL) 콜레스테롤을 높여 준다. 그리고 섹스는 관절통·두통 등 통증 해소 작용을 한다. 오르가슴과 사정 직전에 DHEA의 혈중 농도가 올라가고, 사정은 전립선에 쌓인 노폐물을 배출시켜 전립선 질환을 예방한다. 그리고 섹스 후의 나른함과 만족감은 정신 건강에 좋다.

섹스는 뇌에서 엔도르핀을 분비시켜 스트레스를 해소하고 질병에 대한 면역력을 강화시켜 준다. 또한 생리주기를 규칙적으로 만들어 주고, 균형 있는 몸매와 좋은 피부를 갖게 해준다.

섹스는 노년기에 뇌의 노화 · 치매 · 건망증의 진행을 억제하는 기능을 한다. 이외에 정신적으로는 일상 생활에서 자신감과 창조력을 향상시켜 준다.

이처럼 섹스는 단지 쾌락의 도구가 아니라 면역력 강화로 건강 증진을 위한 양생법이다. 미국 펜실베이니아주 윌크스 배러에 있는 윌크스대학 심리학 교수 프랜시스 브레넌 박사와 칼 차네츠키 박사는 1주일에 1-2회의 섹스는 면역력을 증가시켜 특히 감기 · 독감 등 호흡기 질환에 대한 저항력을 강화시킨다고 연구 결과를 밝혔다. 이것은 브레넌 박사가 대학생 1백11명(남자 44명, 여자 67명)을 대상으로 한 면역 글로불린 A(IgA) 타액검사와 인터뷰 결과를 종합 분석한 결과이다.

규칙적인 섹스가 노화를 방지한다는 연구 결과도 나왔다. 2000년 영국 왕립 에든버러 병원 신경정신과 데이비드 윅스 박사에 의하면, 1주일에 최소한 3차례 성관계를 가지는 부부는 성관계가 2차례인 부부에 비해 10년 이상 더 젊어 보인다. 18-102세의 유럽인 및 미국인 3천5백 명과 10년에 걸친 인터뷰 연구 결과, 젊게 보인다고 대답한 사람은 1주일에 최소한 4차례 성관계를 가져 성관계 횟수가 일반인보다 2배나 많았다. 이는 성관계를 가질 때 인체에서 몸과 마음을 젊게 하는 성장호르몬과 엔도르핀 같은 화학물질이 생산되기 때문이다.

이렇게 볼 때 원만한 부부 관계를 자랑하는 커플이 그렇지 못한 커플이나 독신자보다 더 건강하게 오래 산다고 볼 수 있다. 따라서 병에 안 걸리고 건강하게 오래 살려면 무엇보다도 왕성한 섹스를 하는 것이 중요하다. 이렇게 쾌락과 만족감 그리고 건강을 주는 섹스에 인간이 관심을 갖고 몰두하는 것은 당연하다. 섹스 그 자체는 절대 추한 것도 아니고 위험한 행위도 아니다. 그런 생각은 섹스를 도덕이나 종교와 관련시킬 때만 가능한 것이다.

그러나 섹스도 지나치면 과도한 스포츠처럼 몸에 독이 될 수 있다. 즉 지나치게 문란한 성관계를 하는 사람은 오히려 스트레스를 유발시켜 건강에 나쁘고 노화를 촉진할 수가 있다. 그리고 앞서 설명한 바와 같이 성적 쾌락에 깊이 빠지게 되면, 마치 향정신성 약물에 탐닉하는 것과 유사한 오르가슴 강박증, 섹스중독 증세를 보일 수가 있다.

3 선택과 집중의 섹스

동물은 발정기가 되면 누가 보든지 개의치 않고 교미에 몰입한다. 그러나 인간은 평소에 마음껏 성욕을 발산하지 못하고 감정 상태나 주변 상황을 의식하며 성욕을 억제한다. 일반적으로 인간의 성욕은 스트레스·심리·연령 등 내적 상태에 의해, 그리고 법과 규범 및 도덕 등 외적 요인에 의해 억압되고 통제된다. 인간의 섹스는 특히 출산의 목적과 일부일처제의 유지를 위해 오래전부터 종교윤리와 법으로 제한되어 왔다. 인간은 동물과 달리 성적인 상상력과 성행위의 테크닉을 통해 성적 판타지를 추구한다. 그리하여 인간의 쾌락지향적인 섹스에는 애정·신뢰·법적·윤리적 책임 등이 부과되어 왔다. 이에 따라 성 의식과 성행위는 정상/비정상, 선/악 등으로 분류되고 규범화되었다.

예를 들어 오늘날 자연스런 성욕의 방출로 인정되고 있는 자위행위도 옛날에는 비정상적이고 나쁜 행위로 간주되어 억압되었다. 옛사람들은 자위행위가 시력 약화 등 신체적 장애와 우울증 등 정신병을 유발한다는 믿음을 가졌었다. 그리하여 지금도 금기된 자위행위를 하면서 죄책감과 수치심에 시달리는 사람들이 많이 있다. 그러나 현대의 성의학은 자위가 분명히 성욕구의 긴장을 해소시키는 순기능을 한다고 보고 있다.

아무튼 사회 속에 사는 인간은 마음껏 성욕을 자유롭게 발산할 수는 없었다. 인간의 성욕을 규제하지 않으면 난교 · 근친상간 · 성폭력 등 자유분방한 성행위가 만연될 것이기 때문이다. 혹자는 소유제도와 사회 계급 때문에 인간의 성이 규제되게 되었다고 한다. 그러나 일부일처제나 종교적 · 윤리적 통제가 모든 사람에게 적용되는 것은 아니었다. 권력이나 재력이 있는 소수의 지배 계급은 사회적 통제를 피하여 성의 자유를 만끽해 왔던 것이다.

동물 세계에서 수컷은 암컷의 성을 차지하기 위하여 다른 수컷과 힘겨루기에서 이기거나 암컷을 유인할 만한 자기 과시를 해야 한다. 그리고 암컷은 가장 힘이 센 수컷을 받아들인다. 종족번식 본능에 의해 암컷이 건강하고 힘센 수컷을 선택하는 것과 마찬가지로, 여자도 우월한 남자를 선택하고 그가 질 속에 사정한 정액 중 건강하고 빠른 정자 하나만을 골라 수정에 성공시킨다. 따라서 동물 세계나 인간 사회에서 모든 개체가 마음껏 성욕을 발산하고 성적 충족감을 느낄 수 없는 것이다. 모든 개체에게 성의 분배가 균등하게 이루어지지 않기 때문이다.

그런데 일부다처제 같은 성의 집중 현상은 생물학적으로 자연스런 것이다. 사회생물학자 뷥 버래쉬 부부는 《일부일처제의 신화》에서 4천 종이 넘는 포유류 가운데 일부일처형은 겨우 10여 종뿐으로 매우 드물고, 인간도 일부다처형 생물로 진화해 왔다고 말한다. 인류학자 포드와 심리학자 비치도 문명 이전 인간 사회 1백85곳 가운데 단지 16퍼센트 이하만 일부일처제를 채택하고 있었다고 보고했다. 동물 세계나 인간 사회에서 힘이 센 수컷은 다수의 암컷을 거느리고 힘없는 수컷의 도태는 일부다처제는 자연적인 현상이었던 것이다.

인간 세계에서도 선택과 적자생존의 법칙에 의해 경쟁과

성의 불평등한 분배가 발생한다. 인간은 생식본능과 쾌락을 향한 성적 충동과 욕구를 만족시키기 위해 서로 투쟁하고 강탈하며, 건강과 재산 및 목숨까지 내건다. 이렇게 치열한 성 본능은 DNA 유전자 속에 각인되어 있는 정보일 수 있다. 윌슨(Edward O. Wilson)의 사회생물학적 관점에서 볼 때, 힘세고 우월한 남자만이 선택되어 짝짓기에 성공하고 자식을 번식시키며 진화한다. 그러면 인간 세계에서 최적 적응을 하여 성적으로 선택된 우성 인자의 요소는 무엇일까.

인간은 외모에 이끌려 혹은 신체 이외의 요소에 이끌려 배우자를 선택한다. 인간은 외모·인격·지식·신분·재산·존경심 등 경제적·사회적·심리적 요소에 의해 이성에게 매력을 느낀다. 그래서 남자의 경우 키 크고 잘 생겼으며 돈 많은 사람이 배우자와 자식을 보호할 수 있는 능력 있고 매력 있는 사람으로 손꼽힌다. 여성이 돈 많고 권력 있는 사내를 선택하는 것은 그 선택이 여성의 생존과 종족번식의 본능에 관한 일이기 때문이다. 여성의 능력이 증가하고 있는 오늘날에는 남성도 여성 배우자의 미모 못지않게 신분, 재산 등을 고려하기도 한다.

인류 역사상 배우자의 신분·경제력·권력 등은 성 선택에 큰 영향을 미쳤다. 결혼이란 제도에는 신랑의 재산, 신부의 지참금 등 언제나 재산의 이동이 뒤따랐다. 자본주의와 가부장적 일부일처제는 성을 사유재산화했다. 그후 성 선택에 있어서 경제력이 가장 중요한 결정 요인이 되었고, 성은 이제 교환이나 매매의 대상이 되었다. 성의 경제학적 측면에서 볼 때 자위는 가장 경제적인 선택이고, 결혼은 독점적인 성 매매춘의 제도화에서 크게 벗어나지 않은 것이다.

성의 사유화·매매춘화·상품화가 진행되면서 인간의 생물학적 성은 호르몬 분비에 의한 쾌락적 가치만 남게 되었다. 출산의 가치는 피임과 낙태의 보편화로 거의 사라져 갔다. 인간의 몸도 쾌락을 얼마나 줄 수 있는가에 따라 상품적 가치가 매겨지게 되었다. 특히 예쁘고 성적 매력이 큰 여성의 몸은 가부장제 사회에서 가치 있는 상품이 되었다. 현대인은 자신의 몸에 가치를 매기고 성과 결혼을 상품화하였다.

한편, 이러한 성의 왜곡화를 벗어나 사랑에 대한 순수하고 진정한 내면의 욕구에 귀를 기울이고 이성을 택하는 사람들도 있다. 자신의 몸과 성에 대해 주체적으로 결정하고 성적 정체성을 형성해 가며 자기만족과 행복을 추구하는 경향도 현대적인 특징이다. 일반적으로 현대인은 왜곡되고 혼란된 성가치관 속에서 점차 주체적으로 성적 쾌락과 심리적 만족을 추구하는 경향을 보이고 있다.

II
성의 사회문화적 조건

1 성 억압 가설

　인간의 섹슈얼리티는 욕망과 쾌락의 본질적 속성 때문에 오랫동안 종교적·학문적·도덕적 편견 속에 금기시되고 통제되어 왔다. 섹슈얼리티에 관한 초기 연구는 생물학적·심리학적 측면에서 이러한 편견과 통제를 뒷받침하였다. 19세기 성과학은 성을 문화적이고 사회적인 맥락에서 확실하게 통제되어야 하는 생물학적·본능적 충동으로 파악하였다. 이러한 관점에서는 인간의 성적 욕망과 행위의 패턴은 자연적이며 변화하지 않는 것이었다.

　프로이트(G. Freud)에 의하면, 섹슈얼리티는 인간의 탄생 순간부터 삶에 결정적인 영향을 준다. 그에 의하면 인간은 태어나면서부터 가족 내의 부모, 특히 어머니에게 강한 성

35
II. 성의 사회문화적 조건

적 욕망을 갖고 있는데, 이 섹슈얼리티의 표현은 유아 초기부터 억제되어 있다. 이것이 소위 '억압 가설'이다.

그의 이론에 따르면 인간의 성 본능의 원천은 입·항문·성기 등 신체의 성감대에 있다. 그런데 인간은 어린 시절부터 쾌락을 주는 이런 성감대와 관련된 행동으로 부모의 통제를 받아 욕구불만과 불안을 갖게 된다. 어린아이는 구강기에서 항문기·생식기에 이르기까지 빨고 배설하는 여러 적응 단계를 거치면서 성욕과 성적 쾌락 및 억압에 관련된 성격이 형성된다. 예를 들어 소년은 성적 충동이 강해짐에 따라 어머니를 독점적으로 사랑하기를 갈망하고 아버지를 경쟁 상대로 느끼는데 이를 '오이디푸스 콤플렉스'라고 부른다. 소년은 어머니에 대한 근친상간적 욕망이 억압되고 아버지에게 거세당할지 모른다는 불안과 공포를 갖게 된다는 것이다. 프로이트는 무의식 속에 잠재해 있는 어린 시절 성적 억압에 대한 사건과 경험들이 훗날 어른이 되어서 히스테리 등 여러 정신적 위해 상태로 남는다고 보았다.

프로이트의 억압 가설은 이후 빌헬름 라이히(Wilhelm Reich)·허버트 마르쿠제(Herbert Marcuse)·라이무트 라이히(Reimut Reiche)에 의해 발전된다. 라이히는 섹슈얼리티를 비정상적으로 제약하는 현상에 관심을 두는데, 성적 억압이 질병과 변태성욕 등을 유발한다고 주장한다. 마르쿠제는 성적인 자유가 단지 환상에 불과하고 실제로 그 자유는 억압적 특성을 본질로 한다고 본다. 그에 의하면 리비도의 승화과정을 억압하는 과정은 에로티시즘을 성기 중심의 섹슈얼리티에 머물도록 한다. 그리고 인간의 원시적 성적 본능이 억압되었기에 권력에 복종하는 성격이 생겨났다고 한다.

성 억압 가설의 이론가들은 생득적 성의 본능이 인간의 성장에 이르기까지 개인의 정체성 형성에 지속적으로 영향을 미친다고 주장한다. 억압 가설은 이후 섹슈얼리티의 해방을 주장하는 운동에 영향을 주게 된다. 그러나 억압 가설 이론가들은 남성성을 분석의 시금석으로 삼았고, 섹슈얼리티에 있어서 남녀의 차이를 지배와 연관시키지 않았으며, 성적 억압에서 벗어나는 데에 있어서도 남녀의 차별성을 보지 못했다.

1960년대 성에 대한 생물학적·심리학적 본질주의는 성이 사회적으로 구성된다는 사회구성주의로부터 비판을 받았다. 이후 상대적으로 안정적이고 시간적으로 일관적인 유아 초기나 출생시에 부여된 결정적인 본질로서의 섹슈얼리티 개념은 변화하기 시작했다. 사회구성주의 입장에서 본 섹슈얼리티는 유동적이며, 불안정적이고, 선택적이며, 변화하기 쉬운 성적 욕망의 총체이다.

이후 섹슈얼리티는 생물학적인 것으로만 설명되어서는 안 되고, 역사적 구성물로 이해되어야 한다는 주장이 강하게 대두되기 시작했다. 이러한 맥락에서 제프리 윅스(Jeffrey Wicks)는 성과 그 사회역사적 맥락 사이의 연관 관계를 성의 사회적 구성이라는 문제틀 속에서 탐구할 것을 주장했다. 이제 우리는 사회역사적 구성물로서의 성에 대한 주요 이론들을 살펴보기로 한다.

2 성과 권력

프랑스 철학자 미셸 푸코(M. Foucault)의 성에 관한 사변은 프로이트의 억압 가설에 대한 문제 제기로부터 출발한다. 즉 그의 연구는 지금까지 성이 억압되어 왔다는 사실이 과연 역사적 사실인지, 그리고 성에 관련된 권력역학이 본질적으로 억압적인지에 대한 비판적 고찰에서 출발한다.

《성의 역사》에 나타난 푸코의 연구방식은 현대 사회의 내부에서 거론되는 성적 담론들을 그 사회의 전반적 구조 속에 위치시켜 성적 욕망이 왜, 어떻게 말해졌는지 그리고 이에 대한 어떠한 지식이 형성되고 그것을 통해 유도된 권력의 작용은 무엇이었는지를 밝혀내고자 하는 것이다. 다시 말해서 그는 인간의 성적 욕망에 대한 담론의 배후에 기저

하는 권력-지식-쾌락의 기능과 존재 이유를 파악하고자
하는 것이다. 즉 푸코는 섹슈얼리티를 구성하는 요소들과
특정한 섹슈얼리티를 만들어 내는 방식에 관심을 두었다.

억압 가설에 반대되는 그의 분석 결과를 앞서 말하자면,
16세기 이래 성의 담론화는 억압받기는커녕 반대로 선동적
기제에 의하여 부추겨졌고, 권력의 기술은 성적 욕망을 분
류하여 확산하고 정착시키는 과정에 개입하였으며, 지식은
성적 욕망에 관한 과학적 정립에 몰두해 왔다는 것이다. 이
렇게 성담론화를 통해 섹슈얼리티는 이성애적 일부일처제
라는 사회규범으로서 기능하여 개인의 정체성의 일부분이
되었다. 성과학과 정신분석학은 섹슈얼리티를 개인화시킴
으로써 이것이 성적인 정상과 일탈의 규범으로 개인의 자
아 정체성을 구성하게 하였다. 이런 맥락에서 억압 가설에
서 사용되는 금지·거부·검열 등의 요소들은 담론화, 지
식과 권력의 기제에 동원되는 수단에 지나지 않는 것이다.

수세기를 거쳐 다양한 성적 담론들이 끊임없이 생산되
었다. 푸코 이론에 의하면 성에 관한 담론들은 권력이 행
사되는 바로 그곳에서 권력 행사의 수단으로 증가하였다.
성적 욕망을 담론화시키고, 경제·교육·의학·사법 등의

모든 영역에서 성적 담론을 부추겨 양산하고 이를 분류·정리하여 제도화하는 다양한 기제는 권력 형성에 기여하고 또 그 영향 아래에 있다.

푸코에게서 섹슈얼리티는 인간 내부에서 지속적으로 억압되고 있는 실재가 아니다. 섹슈얼리티는 성적 담론에 의해 분류, 정의되어 가는 것이므로 변해 가는 것이다. 섹슈얼리티의 분류는 정상과 비정상 그리고 건강한 것과 병든 것으로 행해졌고, 이러한 분류의 담론 구성에 권력이 개입하는 것이다. 성 지식의 담론형성 가운데 권력이 행사된다는 말이다. 여기서 기율과 권력은 섹슈얼리티의 충동을 제한하거나 통제하게 된다. 바꿔 말해서 섹슈얼리티는 내적 충동을 통제하는 권력과 밀접히 관련되게 된다.

푸코는 섹슈얼리티를 지식과 권력의 장 속에서 구성되는 사회적 산물로 본다. 그에 의하면 현대 생활 속의 섹슈얼리티는 내적 충동을 통제하는 기율, 권력과 연관되어 있고, 성의 통제 방식은 감옥·수용소·병원·학교의 통제 방식과 같다. 푸코에 따르면 섹슈얼리티의 조직과 관리는 주로 성담론이 생산되는 교회와 학교제도가 맡았다. 수도원과 교육제도 안에서 섹슈얼리티는 공공연하게 거론되었다. 그러나 다양한 담론들은 교회법전에 일치되는 방향으로 유도되고 분류되었던 것이다. 성적 담론은 이러한 방식에 의해 증가하고 일정한 담론 체계로 수렴되어 가두어졌는데, 이러한 과정이 푸코가 말하는 권력과 지식의 형성 과정이자 성 통제의 기술인 것이다. 여기서 기율과 권력은 섹슈얼리티의 충동을 제한하거나 허락함으로써, 즉 규제받고 통제받는 육체를 생산함으로써 사회 통제의 힘을 강화시키는 기능을 한다.

푸코에 의하면 경제 · 정치적으로 주도권을 잡은 부르주아 계급이 권력과 지식의 체계로서 성을 포함한 것은 역사적 사실이다. 부르주아지는 그들 자신의 육체에 대한 신비하고 무한한 지배력을 성에 부여함으로써 성과 육체를 동일시하거나 육체를 성에 종속시켰다. 즉 그들은 자신들의 성적 욕망을 만들어 내고 그것과 육체 감각 · 쾌락 · 건강 · 자손 · 삶과 죽음 등을 결부시켜 가치 있게 만드는 데에 필사적인 노력을 하였다. 마치 과거 귀족 계급이 특권 계급으로서 기품을 유지하기 위하여 혼인을 통한 가문의 혈통을 유지하듯이 부르주아 계급에 있어서 혈통은 성이었다. 부르주아지는 귀족의 피를 강건한 육체와 건전한 성적 욕망으로 전환시켰다. 그들은 19세기말 다른 계급들의 성적 욕망에 맞서 자신의 성적 욕망을 사회적 구별의 관점에서 재규정한 것이다. 그리하여 그들은 성적 욕망을 사회적 차이를 만드는 엄격한 금기의 행사 방법인 법에 종속시켜서 성적 욕망의 원칙을 정립하고 이것을 권위적이고 강제적으로 확대시키고 정당화시켰다. 그리고 부르주아지는 성적 욕망을 혼인제도에 고정시키는 기제로서, 동시에 이러한 법제도와 욕망의 결부로 인한 금기로부터 인간을 해방시키는 기제로서 정신분석학을 이용하였다. 즉 근친상간의 욕망을 들쳐 내고, 혼인제도, 성적 욕망의 체계를 담론화함으로써 심적 억압을 하는 엄격한 금기를 없앴다. 오이디푸스의 발견이 프랑스에서의 부권 박탈의 법률화와 같은 시기에 이루어졌다는 것은 우연이 아니다.

오래전부터 성은 관리와 통치의 대상이었다. 18세기에 나타난 인구 문제 관리도 성과 연관된 권력 기술의 문제였다. 한 사회의 시민들의 수는 결혼 관습, 가족제도 그리고 성적 행위에 관련되어 있는데, 인구에 관한 정치경제학을 넘어 개인의 성적 행위를 분석하여 경제적·정치적 행동으로 만들려는 조직적 기도들이 나타났다. 국가는 시민들의 성행위와 성적 관례를 알아야 했으며, 국가와 개인 사이에서 성은 하나의 공공연한 쟁점이 되었고, 이에 대해 담론·지식·분석 등이 동원되었다.

푸코에 의하면 18세기 초중등학교에서도 성은 조직적으로 관리되었다. 그런데 교육제도 안에서 어린이와 청소년들은 성에 대해서 침묵을 강요당하지 않았다. 학교는 오히려 그들의 다양한 담론들을 분류하고, 내용을 규범화하여 교회법전에 합치되는 담론 형식으로 유도하고 고착화하였다. 이러한 방식으로 성적 담론이 증가하고 이를 일정한 담론 체계로 유도하여 가두어 두는 것이 푸코가 말하는 권력과 지식의 형성 과정이자 사회 통제의 기술인 것이다.

푸코는 19세기와 20세기초의 시대 상황을 분석하면서 프로이트의 억압 가설에 반대하는 논지를 펼치고 있다. 그에 따르면 섹슈얼리티는 하나의 비밀이고 이에 대한 지식과 권력은 비밀수호와 진리 탐구의 기능을 한다. 따라서 자위행위와 성도착에 관한 옹호나 비판은 개인의 육체적·정신적 발전을 조직화하고 통제하려는 행위로 파악된다. 푸코가 발견한 사실은 다양한 변태적 섹슈얼리티에 관한 담론 체계는 변태성을 억압하고 제거하려는 의도보다는 개인의 의식과 행동, 자기정체성을 분류하여 하나의 항구적인 실체를 부여하여 통제하는 하나의 기제에 불과하다는 것이다.

예를 들어 과거에 남색은 금지된 행위들의 하나의 유형으로서 위반시 법률적 제재의 대상에 불과하였으나, 19세기에 와서는 생리학·정신분석학·병리학적 분석에 따라 특이한 기질을 소유한 부류로 분류되었다. 즉 과거의 남색가는 일시적인 탈선자였으나, 오늘날 동성연애자는 정신적 결함이 있는 부류로 취급되는 것이다. 지식과 권력은 이렇게 육체의 내부로 들어와 행위의 분류와 이해의 중추적 역할을 한다. 즉 그것은 수많은 성적 욕망을 정상과 비정상으로 분류하고 이를 고착화한다. 광기와 마찬가지로 섹슈얼리티도 분석과 치료를 위해 이미 존재하는 것이 아니라, 조사연구들에 의해 분류되고 생성되는 사회적 구성물인 것이다.

성에 대한 비밀과 진리의 축적이 하나의 권력으로 작용하는 예로서, 푸코는 가톨릭의 고해성사를 들고 있다. 고해성사는 성적 욕망의 통제장치였다. 고해성사가 담고 있는 내용은 주로 육욕과 관련된 감각·쾌락·사유의 문제인데, 이를 통한 성의 담론화 기도는 오래전부터 수도원의 금욕적 전통을 통해 형성되었다가, 17세기 이후 모든 신자에게 적용되는 규칙이 되었다. 그런데 가톨릭은 고해성사를 성에 관련된 신자들의 생각과 행위들을 파악하고 판단하여 신자들의 성생활과 신앙 생활을 통제하는 수단으로 삼았다. 고해는 참회로서의 고해가 아니라 심문으로서의 고해가 된 것이다. 그리고 신자의 성에 대한 지식은 그를 규제하고 통제하는 하나의 권력으로 작용한 것이다.

19세기에 성의 비밀에 대해 아는 것 그리고 이에 대한 연구와 담론은 다양한 유형의 지식권력을 발달시켰다. 여성의 성은 병리학적으로 히스테리가 근원인 것으로, 어린이의 성은 자연에 반하는 것으로 각각 취급되어 관리되었다. 그리고 결혼과 가정 내에서 섹슈얼리티는 책임 있고 자발적인 통제의 대상으로 인식되었다. 그래서 이에 따른 갖가지 변태의 유형들이 나열되고 그 치료의 방법들이 거론되었다.

이렇게 푸코는 성에 대한 분석과 담론이 사회제도의 형성 과정과 밀접히 관련되어 있다고 생각하였다. 한마디로 섹슈얼리티는 권력 작용으로서 사회적으로 구성되고 고착화, 재생산된다는 것이다. 이로써 개인은 성 정체성 형성 과정에서 수동적 존재가 되고, 권위적 성담론의 체계에 종속된 정체성을 갖게 된다. 푸코의 성지식 권력의 이론에 있어서 성 정체성 형성의 주체적 개인은 보이지 않는다.

성적 질서는 광범위한 영역의 제도와 사회적 이데올로기와 중첩된다. 그래서 성적 질서에 도전하는 것은 그러한 제도들을 문제삼고 대면하는 것이다. 개인들은 정체성 구성의 이데올로기적 담론에 저항하기도 하였다. 19세기에 발전된 동성애/이성애 구분의 문화적 텍스트를 해체하고, 동성애를 하나의 선택사항으로 만들었던 1960-70년대의 레즈비언과 게이 운동은 개인들의 주체적 저항의 모습이었다. 이렇게 볼 때 푸코에게는 자아표현으로서의 정체성과 사회 구조가 부과한 정체성 간의 변증법적 관계에 대한 이해가 결여되어 있다. 이 때문에 그가 사회 구조와 섹슈얼리티 간의 관계를 이해하는 데에 있어서 주체적 성 정체성의 형성 과정을 그려내는 데에는 실패했다고 볼 수 있다.

그러나 섹슈얼리티에 대한 담론 체계가 성적 변태성을 억압하고 제거하기보다 개인의 성 정체성을 분류하여 개인의 의식과 행동 전체를 통제하려는 데에 있었다는 푸코의 발견은 중요하다. 또 섹슈얼리티는 분석과 치료를 위해 이미 존재한 것이 아니라 지배 권력의 작용으로서 담론이 생산해 내고 고착화시키는 사회적 구성물이라는 주장은 의미 있는 발견이다. 푸코는 권력과 섹슈얼리티를 관련지어 사고하게 함으로써 성 논의의 중요한 전기점을 제공하였지만, 성 정체성 의식에 있어서 주체에 대한 그의 배려가 매우 적다. 성 정체성은 실제로 성교육, 성지식과 같은 지배적인 성담론으로부터, 차별적 성의 사회문화적 관행을 통해 형성된다. 푸코 이론에 있어서는 이러한 구체적인 성의 사회화 과정이 결여되어 있고, 궁극적으로 개인은 성 정체성을 구성함에 있어서 수동적인 존재로 남아 있는 것이 문제이다.

3 친밀성과 성찰적 성

영국의 사회학자 안토니 기든스(A. Giddens)의 섹슈얼리티에 관한 이론은 그의 저서 《현대 사회의 성·사랑·에로티시즘: 친밀성의 구조 변동》에 잘 나타나 있다. 그의 이론은 푸코의 이론을 비판하면서 출발한다. 기든스는 푸코의 성 담론이 지식-권력의 수준에서만 사회적 실재를 구성하는 성의 설명에 머무는 것에 부족함을 느낀다. 푸코의 성과 권력을 연계하는 방식이 너무 고정되어 있고 일방적이라는 것이다. 즉 그는 푸코의 성-권력 담론에서 인간이 주체로서 적극적으로 만들어 낸 성취물로서의 역사가 존재하지 않는다고 비판한다. 푸코의 담론 수준은 지식과 권력이란 국면과 연결된 특정한 담론의 형태에 머물러 있어 현

대적 삶 속에서 뚜렷이 발견되는 자아 성찰적인 면을 간과
하였다는 것이다.

　그래서 기든스는 푸코의 이론적 결함을 메우는 대안으
로 '제도적 성찰성'이라는 개념을 창출한다. 이 개념은 성
과 권력이 사회제도적으로 구조화되는 것과 동시에 그 속
에서도 개인의 의지나 선택이 작용하는 것을 인정한다. 기
든스는 성과 재생산적 제도, 권력의 관계에 있어서 개인의
성찰적 의지를 중요시한다. 그에 의하면 감정과 사랑으로
친밀하게 조직되는 섹슈얼리티와 가족은 일반적으로 권력
으로부터 직접적으로 비롯되지 않고 오히려 권력의 결핍에
서 나온다. 재생산의 사회화 과정과 권력의 연결은 섹슈얼
리티와 관련되어 있지만, 개인의 감정과 자아성찰적인 의
지와도 분명히 관련되어 있다. 푸코는 개인의 섹슈얼리티
가 궁극적으로 권력 형성 체계에 편입된다고 하나, 실제로
권력 형성의 과정은 훨씬 복잡하고 다양한 현상이다. 일반
적으로 감시가 형성되는 곳에 동원의 공간, 대항적 권력의
공간이 생긴다. 제도적 성찰성이 발달된 사회에서는 개인
과 집단 사이에 참여적인 논쟁이 이루어져 실제적으로 성
적 영역이 변화되고 있다. 기든스에 의하면 현대성은 외적

인 힘보다도 그 자체 내재적 원칙에 따라, 즉 내부적 준거 체계에 따라 행동의 질서들을 창출해 나간다. 요컨대 현대적 섹슈얼리티는 더 이상 재생산과 친족 질서를 유지하는 도덕적 수단이 아니라 개인적 친밀성에 기반한 관계를 형성하는 수단이며, 이는 자아에 대한 성찰·자율성·행복을 향한 가능성을 담고 있다는 것이다.

정리하자면, 기든스는 섹슈얼리티를 신체와 자기정체성과 사회규범이 일차적으로 연결된 지점으로 보고 현대적 성 정체성의 특징을 설명한다. 기든스에 있어서 성 정체성은 푸코와 달리 성 지식의 권력과 개인의 성찰적 의지가 만난다는 것이다. 즉 성 정체성 형성 과정에서 개인의 의지나 선택이 개입되는 것이다. 그에 의하면, 개인의 감정과 자아성찰적 의지가 개입되어 있는 현대적 섹슈얼리티의 정체성은 성찰과 자율의 영역을 갖고 있어 더 이상 가족재생산과 친족 및 사회질서 유지의 수단이 아니다.

현대 개인의 자기정체성은 삶과 성의 문제에 있어서 개방적이고 성찰적이다. 섹슈얼리티의 영역에 속하는 신체는 이 자기정체성의 매개체로서 개인의 생활 양식에 융합되어졌다. 이 점에 있어서 프로이트도 일상적 삶 속에서 성에 대한 몰두를 자아정체성과 연관시켰고, 이 관계가 문제 제기적임을 보여 주었다.

자아정체성에 대한 개인적 성찰은 사랑과 관련된 섹슈얼리티의 의미에 대한 변환적 사고에서 시작된다. 그래서 기든스는 개인적 수준에서 특히 사랑이란 인간 관계에 주목한다. 그는 19세기 이후 부르주아 사회 속에서 낭만적 사랑의 이상이 섹슈얼리티의 개념을 변화시켰다고 본다. 그에 의하면 낭만적 사랑의 확산은 혼인 관계를 친족 관계로부터 분리시키고, 정서적 결합의 결혼과 부부 중심의 가정의 의미와 기능을 강화시켰다. 그리하여 여성의 섹슈얼리티를 재생산적 의미(임신 · 출산)로서의 전통적 개념에서 벗어나게 하였다. 재생산 개념에서 탈피한 섹슈얼리티의 개념은 해방적이며 자율적인 것인데, 이는 성의 점진적 분화 과정의 결과이다. 그리하여 이제 섹슈얼리티는 개인들의 상호 작용의 특질이 되었다. 기든스는 바로 이러한 섹슈얼리티 개념의 변화를 '조형적 섹슈얼리티(plastic sexuality)'라고 부르며 이것이 성해방을 가능하게 하는 원동력이라고 보았다.

현대 사회에서 처녀성 · 동정 · 경제적 상황 등은 이제 더 이상 사랑과 결혼의 필수 조건이 되지 못한다. 그리고 이제 결혼이란 제도는 개인들이 일정한 자율성을 확보하기 위한 수단으로 이용되고 있다. 이러한 현상은 이성간의 사랑 관계, 그리고 개인들간의 사회적 관계에 새로운 형식의 변화가 생겨났기 때문이다. 즉 '순수한 관계(pure relationship)'가 출현한 것이다. 조형적 섹슈얼리티는 개인들간의 자유와 선택의 순수한 관계에 기반한다.

기든스에 의하면, 사랑이 결혼을 통하여 섹슈얼리티와 연결되던 과거와는 달리 사랑과 섹슈얼리티가 점차 '순수한 관계'를 통하여 결합된다. 여기서 '순수한 관계'란 성적인 순결과는 관계없는 단지 조작적 개념인데, 관계 그 자체로서 순수하게 유지되는 감정적 유대를 의미한다. 순수한 관계란 성적·감정적으로 평등한 관계로 기존의 성차별적 권력 형태와 대응된다. 그리고 이 순수한 관계는 기든스가 말하는 바 '친밀성'을 구성하는 일부이기도 하다. 그리고 이 관계는 조형적 섹슈얼리티의 발전과 같은 궤도상에서 발견되는 관계이다.

기든스에 따르면 결혼과 섹슈얼리티의 연결은 건전한 섹슈얼리티와 열정적 혼외정사, 동시에 정숙한 여자와 품행이 방정하지 못한 여자를 구분하였다. 그런데 순수한 관계에 의한 성적 쾌락은 반드시 결혼과 연결되지 않는다. 그리고 낭만적 사랑은 친밀성에 근거한 순수한 관계에서 이루어지고, 정신적 커뮤니케이션으로서 관계의 부족한 면을 메워 준다. 그러나 낭만적 사랑은 여성을 궁극적으로 가부장적 가정에 종속시킨다. 한편 '합류적 사랑(confluent love)'은 두 사람이 '투사적 동일화(projective identification)'를 통해 유대를 공유하고 새로운 정체성을 형성해 가는 사랑이다. 사랑한다는 것은 의사소통, 즐거움과 고통의 긴 노력, 헌신이 수반되는 친밀성의 기반에서 신뢰가 쌓여 가는 것이다. 이러한 사랑은 여성의 경우 정숙한 여성과 결혼제도의 굴레로부터 벗어나게 한다. 이렇게 볼 때 기든스가 말하는 조형적 섹슈얼리티, 순수한 관계, 융합적 사랑은 타자의 개별성에 대한 존중과 개방되고 평등한 의사소통을 기반으로 한다. 사랑한다는 것은 의사소통과 친밀성의 기반에서 신뢰가 쌓여지는 것이다.

이상에서 살펴본 바와 같이, 기든스는 섹슈얼리티가 사회적으로 구성되었다는 푸코의 주장에 동의하면서도 그의 이론의 한계를 지적한다. 그는 푸코가 너무 섹슈얼리티를 지나치게 강조한 나머지 가족의 변화와 밀접히 연관된 낭만적 사랑의 연관 문제, 그리고 성차이의 문제를 다루지 않았다고 지적한다. 푸코는 섹슈얼리티에 대한 관심이 궁극적으로 권력 창출의 수단으로서 감시가 확산된 결과로 보지만, 기든스가 보기에 그것은 성 차이의 권력이고 여기에 여성의 섹슈얼리티는 배제되어 있다. 푸코에 따르면 빅토리아 시대에 섹슈얼리티가 하나의 공개된 비밀로서 수많은 문헌과 의학 자료에서 광범위하게 조사·논의되었다고 하나, 기든스는 이러한 문헌 자료와 담론에 접촉할 수 있었던 사람은 극소수에 불과하였고, 그것도 남성보다는 여성의 접근을 통제하는 사실상 검열의 형식이 작용한 사실을 상기시킨다.

기든스는 라이히나 마르쿠제의 담론에서도 사회적 성차이에 대한 분석이나 개인들간의 사랑 관계의 전개에 영향을 준 요인들에 관한 언급이 거의 없다고 비판한다. 그것은 이들의 담론에서 말하는 섹슈얼리티가 대개 양성적인 것, 성별의 구분이 없는 리비도의 개념으로 사용되기 때문이다.

기든스의 이론적 성과는 그가 새로운 인간 관계와 사랑의 개념들, 그리고 섹슈얼리티 관계에서 젠더의 개념을 상기시켜, 팔루스의 지배로부터 여성의 섹슈얼리티를 해방시켰다는 데에 있을 것이다.

4 섹슈얼라이제이션

1970년대말 부분적으로 프랑스 언어 이론에 공감하는 페미니즘 이론과 주체성 담론들은 구조주의적 패러다임에서 사용된 범주들(계급·성·세대 등)이 기존의 사회 관계를 반복적으로 재생산할 뿐이라고 비판한다. 담론 이론에 의하면 이러한 범주들이 담론 내에서 항상 새로이 생산되고 있다는 점이다. 사회적 범주가 여러 위치에서 다차원의 담론 내에서 생산되는 유동적인 것임을 강조하는 것은 안젤라 맥노비의 정식처럼 여성이 그 속에서 구제될 수 있거나 수인화될 수 있는 고착된 '여성성' 같은 것이 없음을 뜻한다. 섹슈얼리티·여성성·남성성 등의 범주들은 주체·욕망·육체 등의 개념으로 점차 훨씬 복잡한 과정을 통해서 생산된다.

푸코와 비판심리학의 영향을 받은 프리가 하우그팀은 공동 연구물인《마돈나의 이중적 의미: 슬레이브 걸과 일상적 성사회화》에서 여성의 주체성과 정체성이 여성의 육체가 사회화되는 과정에서 형성된다고 본다. 이러한 관점은 자연주의적이며 몰역사적인 육체의 개념을 극복하고 있다. 하우그팀은 기존 사회화 이론들이 소녀의 (성의) 사회화 과정을 전혀 설명하고 있지 않고, 소년의 사회화에 대한 설명을 소녀의 사회화에까지 확대해서 적용하려 했다고 비판한다.

오늘날 여성 육체의 성적 매력은 여성이 추구해야 할 최고의 가치로 인식되고 있다. 이러한 여성 육체의 성적 가치는 소녀의 사회화 과정에서 만들어진다. 하우그팀에 의하면 소녀의 사회화란 여성의 육체가 성적 의미를 획득해 가는 과정, 즉 성애화(sexualization)로 나타난다. 성애화는 소년 소녀들이 성인 남성과 여성으로 사회화되어 가는 과정, 육체나 육체의 일부(다리 · 가슴 · 헤어 · 키 등)가 성적 의미를 띠고 있는 성이 대상으로 되어 가는 과정을 의미한다. 그런데 문제는 여성들이 주체적이며 자발적으로 이 과정에 들어간다는 데에 있다. 이러한 주체의 종속이 발생하는 이유는 육체를 매개로 사회적 질서에 자신을 이입시켜 가는 과정에서 여성이 자신의 사회적 정체성을 만들어가기 때문이다. 즉 종속을 대가로 여성들은 기존 질서로부터 지지와 안정감을 획득한다는 것이다. 섹슈얼리티는 '섹슈얼한 것'과 동떨어진 실천(머리를 자르는 일, 탁자 아래 새치름하게 다리를 꼬고 앉는 일 등)을 통해서도 구성된다. 여기서 섹슈얼리티의 문제는 섹슈얼한 행위 그 자체로부터 소녀들이 성숙한 여성이 되기 위해서 배우는 일상의 실천으로 이동한다. 실천이 여성의 육체에 집중되어짐으로써 여성의 육체는 섹슈얼리티가 조직되는 축이 된다.

기존 사회화 이론들은 소녀들을 단지 사회화의 대행 기관(가정·학교 등)이 주도해 가는 사회화의 수동적 대상으로 보고 있다는 문제점이 있다. 프리가 하우그팀은 사회적 주체가 결코 수동적이지 않고 오히려 능동적으로 실천에 개입한다고 본다. 여기서 여성은 더 이상 수동적·종속적인 위치에 있는 존재로 파악되기를 거부한다. 여성은 권력자로서 또는 역사적 발전의 주관자로서 다양한 맥락에서 생산될 수 있다는 것이다. 여성은 여성성을 토대로 해서

──패션감각으로 멋을 내고 로맨스와 섹슈얼리티를 이용
함으로써──권력을 장악할 수도 있다는 것이다. 연구팀
은 여성의 종속적 지위의 강화에 가담하는 것을 성적 교태
로 주인을 유혹하는 아라비안나이트의 슬레이브 걸(slave
girl)의 이미지로 표현하였다. 이 슬레이브 걸은 성적 매력
에 관련된 의식적 행동으로 스스로 쾌락과 즐거움을 느끼
면서 여성의 능동적 생존력과 권력을 획득하는 방식을 보
여 주고 있다.

5 젠더 정체성

일반적으로 성 정체성은 사회가 특정한 성별에 대해 부여하는 가치와 태도를 개인이 내면화시키고 이러한 기준에 자신을 동일시하는 상태를 말한다. 미국의 심리학자 스톨러(R. Stoller)는 생물학적인 것과 구분되는 성을 문화적인 것에 연관시켰다. 페미니즘에서는 해러웨이(D. Haraway)가 여성의 정체성이 사회문화적으로 결정되어 가는 문제를 다루었다. 이들이 제기하는 성은 젠더 정체성이었다.

초도로우(N. Chodorow, 1978)는 대상 관계 이론(object-relations theory)에서 아동의 발달 과정의 연구를 통해 남성과 여성의 정체성 형성의 차이를 보여 주었다. 그녀는 성별에 따른 가족의 노동분업 체계와 부모 역할의 비대칭적 구조에 따라 남녀 아이가 다른 정체성을 갖게 된다고 본다. 즉 여아는 어머니와의 지속적인 '관계'에 의해 여성적이고 모성적인 정체성을 갖게 되는 반면, 남아는 아버지가 집에 없는 상황에서 그와의 간접적 동일시로 독립적이고 경쟁적인 남성적 정체성을 갖게 된다. 여아의 동일시는 주로 의존적이고 애정적 관계를 강조하고, 남아의 정체성은 여성적인 것을 배척하면서 타인으로부터의 독립성을 강조한다. 그리하여 여아와 남아 각각은 사적이고 가정적인 여성의 세계와 공적이고 사회적인 남성의 세계에 들어가게 되는 것이다. 결국 남녀 정체성의 차이는 발달과 정상의 차이이지 결코 여성의 미숙한 자아의식 때문이 아니라는 것이다.

한편 길리건(C. Gilligan)은 심리학자 콜버그(L. Kohlberg)의 도덕성 발달의 6단계 이론에 내재해 있는, 여성이 도덕적 판단 능력이 열등하다는 남성적 편견을 비판하였다. 그녀는 경험적 연구를 통하여 여성에 있어서 도덕성의 문제는 남자의 '정의의 전망'과는 달리, '보살핌의 전망'에서 보아야 한다고 주장한다. 여성에 있어서 도덕의 문제는 정의나 권리 의무의 문제가 아니라, 타자와의 상호의존적이고 친밀한 관계의 보살핌의 문제라는 것이다. 그녀의 주장은 남성의 독립성과 자율성이 상호의존성과 친밀성보다 우월하다는 것이 증명되지 않는 한, 정의 원리만이 도덕성 기준이 되어야 한다는 콜버그의 주장은 설득력이 없다는 것이다. 이러한 주장은 남녀의 도덕성을 입장의 차이에서 바라봄으로써 남성적 입장이 더 우월하다는 인식이 잘못되었음을 밝히는 것이었다.

초도로우와 길리건의 연구는 가족 구조와 아동 발달에 따라 어떻게 남녀의 성 정체성이 다르게 형성되어 가는지, 그리고 여성적 정체성을 나약하고 열등한 것으로 바라보는 편견이 잘못되었음을 입증하려고 했다. 그러나 초도로우의 이론은 여아의 정체성 형성에 있어서 어머니와의 동일시의 내면화를 지나치게 강조한 점, 그리고 정체성 형성이 아동의 초기 발달 과정에 어머니와의 지속적 관계에 의해 결정적으로 이루어짐을 강조함으로써 아동 이후의 다양한 다른 사회적 상황에 의해 정체성이 변화되어 갈 가능성을 포착하지 못한다는 단점을 갖고 있다.

한편 말츠와 보커(D. N. Maltz & R. A. Borker)는 남녀 간의 대화 방식의 차이가 여성의 발달과 남성의 발달이 서로 다르게 이루어진 결과라고 주장한다. 그들은 아동기 또래 집단의 놀이에서 배운 규칙이 성인 남녀간 의사소통 방식의 기초를 형성한다는 연구 결과를 발표하였다. 그들의 연구에 의하면, 여아들의 놀이는 협동적이고 비경쟁적인 성격을 띠고 있어 여성은 관계를 협상하고 표현하기 위하여 말을 많이 한다. 반면에 남아들은 위계화된 집단 속의 큰 놀이에서 남성은 보다 다양한 목적을 위하여 말을 하거나 지위를 주장하고 자신을 내세우는 논쟁 및 언어적 태도를 보이기 위하여 말을 한다. 그들의 연구는 남녀의 서로 다른 집단조직에서 발달된 언어적 태도와 성역할의 차이를 보여 주고 있다.

페미니즘은 더 나아가 여성이 남성보다 더 우월한 존재임을 받아들일 것을 요구한다. 리치(A. Rich)는 여성 육체의 생물학적 조건에 대한 긍정적 사고를 할 것을 주장한다. 그러나 그녀의 주장은 생물학적 조건에 의해 결정되는 여성의 정체성을 받아들이고, 남성성을 고의로 폄하시키면서 여성성의 우월성을 주장함으로써 성적 불평등의 관계의 틀을 벗어나지 못하는 단점을 갖고 있다.

페미니즘의 젠더 중심의 성 정체성 구성 이론은 생물학

적·본질주의적 이론을 비판하면서 정체성이 사회적으로 형성되었음을 주장한다. 그것은 개인의 성 정체성이 사회문화적 환경에 따라 차별적으로 형성되었음을 보여 주는 새로운 문제제기적 의식의 틀을 제공하였다. 사회구성주의적 페미니즘 이론은 여성 정체성의 독특성을 강조하면서, 남녀 차이를 인정하는 가부장적 보편적 인식이 잘못되었음을 지적한다.

정체성은 개인의 신체 및 심리에 고착된 일정한 형태의 속성인가? 푸코를 중심으로 한 후기구조주의의 주체성 논의에 영향을 받은 페미니스트들은 젠더가 역사적 맥락에서 다르게 형성되는데, 이는 젠더가 인종·계급·민족 등의 범주와 교차되는 것으로 보고 있다. 그리고 남성과 대치되었던 주체로서의 여성 관념도 다른 범주의 관념들처럼 헤게모니적 담론에 의해 구성된 임의적 관념일 뿐이라는 것이다. 젠더 역시 사회 불평등을 재생산해 내는 다양한 담론과 실천의 효과 중 하나로 이해되어야 하는 것이다. 이러한 입장들은 선험적 주체로서의 여성 관념의 추구를 단념한다. 주체란 단순히 성적 차이에 의해 분할된다기보다 언어 및 문화적 상징으로서 보다 복잡하게 구성되어 있기 때문이

다. 오늘날 이러한 논의들은 주체의 파편화와 성 정체성의
위기를 예고하고 있는 것이다.

6 남성지배적 섹슈얼리티

　사회학자 부르디외(P. Bourdieu)는 그의 저서《남성 지배》에서 남성중심주의적 신화와 사회 구조를 분석하고, 여성에 대한 남성의 상징적 폭력을 여성 육체의 사회화 과정을 통해 드러낸다. 그는 버지니아 울프가 '지배의 최면적 힘'이라고 부른 방식대로 여성에 대한 상징 폭력은 부드럽고 자연스럽게 혹은 의식하지 못하게 보이지 않는 과정을 통해 행사되고 있다고 주장한다. 부르디외가 보기에 여성의 성은 생리적이고 육체적인 것의 사회화, 사회적 관계와 차이에 의한 생리화의 산물이다. 그는 성을 물질적이고 상징적인 힘의 관계 속에서 파악하고자 한다. 즉 여성 신체에 대한 지배와 지배의 신체화가 이루어져 가는 메커니즘을 폭로하고자 한다.

부르디외는 지중해 연안 사회의 무의식 구조가 비교적 잘 보존되어 있는 카빌족의 남성중심주의적 우주관을 분석한다. 그에 따르면 카빌족의 우주관에는 남성적인 것과 여성적인 것 사이의 대립에 따른 사물과 행위들이 많다. 그들의 우주관은 카빌 사회에서 성의 구별을 통해 남성과 여성의 상이성과 변별적 특징을 정해 주는 것이다. 이로써 카빌 사람들이 보기에 정상적이고 자연스런 성의 분리가 사물과 사회의 질서 속에 자리잡아 간다. 즉 성의 분리와 차별은 사회 집단과 개인 신체 속에서 지각과 행동의 표상체계처럼 이루어진다. 남성중심적 관점은 중립적인 것처럼 자연스럽게 강요되고, 남성 질서의 힘은 정당화조차 필요로 하지 않게 된다. 즉 신화처럼 사회질서는 남성 지배를 인정하고 이를 무의식적으로 받아들이는 하나의 기계처럼 작동한다.

부르디외에 의하면, 카빌의 우주관과 사회 집단은 인간 신체에 성적 구분과 차이의 의미를 부여하면서 지각과 신체를 합체시킨다. 이로써 남성과 여성의 생물학적 차이는 마치 사회적으로 구축된 젠더의 차이, 즉 노동의 성 구분에 의한 자연적인 것처럼 나타나게 된다. 이것은 성 기관들의 사회적 구분의 자의성을 인정하고 신성화하는 상징적이고 사회적인 과정이다. 예를 들어 질을 보호하는 성스러운 경계를 뜻하는 여성의 허리띠는 닫힘의 기호이자 순수와 불순 사이의 상징적인 경계이다. 그리고 성스럽고 은밀하게 물신화된 여성의 질은 매춘이라는 위법과 신성모독의 남성 에로티시즘의 발산으로 신체 폭력과 상징 폭력의 대상이 된다. 부르디외에 의하면 성행위 자체도 남성 우월의 원칙이 지배하는 사회적 관계이다. 남성에게 성행위는 지배와 소유의 형식으로 인식된다. 삽입과 오르가슴은 지배적 리비도를 확인하고 정복의 상징적·육체적 행위처럼 이해된다. 이처럼 지배의 남성 에로티시즘은 여성 욕망을 수동적으로 창조하고 조직하여 이끈다. 남녀를 각기 성적인 것으로 구별짓고 여성을 차별하는 것은 여성 신체를 정신화하는 것이다. 예를 들어 허리띠나 머리띠를 묶는 방법, 시선을 두는 방법에 대한 교육과 무의식적 모방은 모두 여성의 의복과 신체에 대한 구속이자 통제이다. 고분고분하고 구부린 유연한 자세는 여성의 순종을 의미하는 윤리학이자 정치학의 산물이다. 그리고 가족·교회·학교·국가

등의 제도는 이렇게 여성을 구별짓고 차별하는 의식과 행동의 주형인 아비투스를 재생산하여 남성 지배를 정당화하는 상징 폭력의 기제들인 것이다.

한편, 섹슈얼리티의 미를 주제로 하는 예술에 있어서도 남성을 행동하는 능동적 주체로, 여성을 반응하는 수동적 객체로 보는 인식 구조가 반영되었다. 존 버거(John Berger)는 그의 저서 《어떻게 볼 것인가》에서 유럽의 전통 누드화에 나타나는 여성은 자신의 내부에 감시하는 남자와 감시받는 여성의 상이 동시에 존재하는 모습임을 발견한다. 누드화 속의 여성은 그냥 벗은 형체가 아니라 관람자가(대개의 경우 남자들임) 쳐다보고 있는 것처럼 벗어 보인다는 것이다. 남성들이 벗은 여성들을 바라보는 시선에서 이미 특정한 남녀 관계가 설정된다. 즉 남성은 여성을 관찰의 대상, 구경거리로 바라본다. 이것이 누드화 속에 나타난 남녀 섹슈얼리티의 차이다.

버거에 의하면 15세기 랭부르가 그린 〈에덴의 정원〉에 나타나는 부부는 손으로 혹은 나뭇잎으로 몸을 가리며 수치를 느끼는 모습인데, 이 부부가 서로 상대에게서 수치를 느끼는 것보다는 여자가 관람자(남자)에게 더 수치를 느끼는 것으로 암시되어 있다. 랠리의 〈넬 가윈〉의 누드화는 형식상으로는 비너스와 큐피드의 모습을 취하고 있지만, 왕의 정부인 넬 가윈이 그의 소유주(여자의 소유주이자 그림의 소유주)의 감정이나 요구에 대한 순종의 표정과 자태를 하고 있다. 브론치노의 〈시간과 사랑의 우화〉에서 큐피드와 키스하는 여인의 자세는 그림을 보는 남성(그림을 선사받은 프랑스 왕)을 향해 그려져 있다. 즉 여인 자신의 성욕을 위한 것이 아니라 남성의 성을 자극시키기 위한 그림이다. 힘과 정열을 상징하는 체모를 그리지 않는 전통도 여성의 성적 힘을 최소화시키고 그 힘을 남성이 독점하려는 의도가 숨어 있는 것이다. 앵그르의 〈거대한 여자노예〉와 아헨의 〈바커스, 케레스, 큐피드〉에 나타나는 여자의 시선과 몸은 관람자이자 소유주를 향해 있다.

누드화를 그리는 예술가와 관람자이자 소유주는 남자였고 그 대상은 주로 여성이었다. 유럽 전통 누드화 속에서 여성의 섹슈얼리티는 하나의 물체처럼 사상되어 남성의 관음증적 쾌락에 기여한다. 여인의 시선과 벗은 몸은 언제나 관람자를 향해 있고, 남성의 섹슈얼리티를 자극시키며,

수동적으로 묘사되어 있다.

여성의 나체가 성적 욕망과 연관되어 섹슈얼리티의 의
미를 함축하게 된 것은 중세 말기 이후의 일이다. 그후 오
늘날에 이르기까지 예술 작품이나 대중매체를 통해 범람
하고 있는 수많은 성적 이미지들 속에서 여성은 남성의 성
적 욕망의 대상이 되고, 여성의 섹슈얼리티는 자아의 주체
성이 결여된 이미지로 남성에 의해 고착되고 있다. 광고 ·
영화 · 비디오 · 인터넷 등 대중매체를 통해 끊임없이 자극
적으로 보여지는 대중적 포르노그래피는 여성의 성적 쾌
락이나 섹슈얼리티의 본질을 이해시키고자하는 것이 아니
라, 여성의 섹슈얼리티를 에피소드적으로 만들고 고립화
시키는 것이다. 여성의 섹슈얼리티는 사랑이 아닌 성적 욕
망의 대상으로 표현된다. 선정적이고 외설적인 여성 섹슈
얼리티의 이미지를 만들어 내는 것은 남성 섹슈얼리티의
관음성과 지배성이다.

포르노그래피는 이러한 남성 섹슈얼리티의 관음성과 지
배성을 잘 보여 주는 대중 문화 장르 중 하나이다. 포르노
는 단순히 성적 환희나 누드 또는 성행위의 묘사가 아니라
여성의 신체와 성에 가해지는 남성의 폭력을 정당화하고 자

극하는 남성 지배 이데올로기의 표현이다. 포르노는 여성의 성을 노골적으로 묘사하고 부정적 표상으로 기호화할 뿐 아니라 표현된 행동을 지지하고 충동시킨다. 포르노에서 남성의 성행위는 힘·지배·폭력의 관계로, 반면에 여성의 성은 부드러움·수동성·피가학성의 관계로 기호화된다.

7 탈현대적 성 정체성

　탈현대적 사회에서 성 정체성은 주로 관념과 이미지에 의해 주관적으로 형성된다. 성 이미지와 기호는 텔레비전·영화·비디오·컴퓨터 등의 대중전자매체와 쇼·스펙터클을 통해 무차별적으로 사람들에게 전달된다. 텔레비전 시청으로 알게 된 스타일과 모델에 대중은 자신의 스타일과 정체성을 동일시하는 이미지를 갖는다. 이러한 탈현대적 사회에서 개인의 주체 및 성 정체성은 고도 소비 사회의 대중매체에 의해 매개되는 것이 특정이라고 볼 수 있다.

　매체 문화에 의해 매개되는 여성 정체성의 예를 들어 보자. 왜 많은 여성들이 퀴즈쇼 같은 텔레비전 프로그램에서 흥미와 즐거움을 느끼는가. 피스크(J. Fisk)의 설명에 따르면 퀴즈쇼의 상품 보상 체제는 여성을 단순히 소비자 역할로 재생산하는 것이 아니다. 쇼에 나타난 소비의 조건과 가사(家事)의 소비 조건은 차이가 있다. 재미와 여성 자신을 위한 쇼핑과 가정을 위한 아내와 엄마로서의 쇼핑은 그 의미가 아주 다른 것이다. 모든 퀴즈 쇼에서 쇼핑은 일상적 쇼핑을 벗어나면서 함성과 갈채로 환영받는 등 카니발적 분위기를 자아낸다. 피스크의 분석은 소비자로서의 역할로 각인된 여성이 어떻게 이 기호를 전복하고 이 체제를 이용하면서 여성 정체성을 구성해 가는지를 보여 준다. 또한 여성은 남녀가 출연하는 게임쇼를 즐긴다. 이러한 프로그램에서는 관계를 주도하고 선택을 당하는 역할이 남녀에게 평등하게 나뉘어지고, 그 선택 과정이 공개적으로 통제된다. 더욱 중요한 것은 여성의 성이 결혼과 인습의 책임감으로부터 면제된다는 점이다. 데이트를 하고 돌아온 커플들이 종종 실패한 그들의 경험을 이야기할 때가 가부장적 규율로부터 해방되는 순간인 것이다.

주체의 파편화·분절화로 특징지어진 탈현대에서는 자아 주체와 이미지의 구분이 모호해진다. 사람들은 자아의 옛 모습을 텔레비전이 제시하는 이미지로 전환시키고 싶어한다. 성 정체성의 일대 변화가 일어나고 있는 것이다. 여성 본래의 본질적인 성 역할과 정체성은 더 이상 현실적 사실이 아니라 이미지 그 자체에 융합되어 있다.

페미니즘과 포스트모던 이론은 성적 욕망이라는 개념이 문화 안에서 형성된 쾌락으로부터 독립된 단순한 개인적 충족이란 개념을 탈교화하고자 한다. 포스트모더니즘에 영향을 받은 페미니스트들은 이제 단순히 여성 육체뿐만 아니라, 육체와 욕망의 재현까지 사회문화적으로 구성된다고 본다. 이러한 욕망은 현재에 대한 불만, 끝없는 충족감에의 기대 등으로 인하여 광고와 포르노그래피에서 볼 수 있는 대치된 욕망과 보드리야르(J. Baudrillard)가 말하는 모사(Simulacra)의 욕구이다. 여성의 육체와 욕망에 대한 대중 매체의 재현은 가부장적이고, 자본주의적이다. 로살린 카워드(R. Coward)는 후기구조주의적 시각에서 여성의 쾌락은 자연적이지 않고, 담론에 의해 기호화되어 구성되어 왔다고 주장한다.

페미니즘은 이미지와 기호 속에서 욕망과 쾌락을 이용하고 동시에 붕괴시키려는 포스트모던 전략을 구사한다. 포스트모던 전략은 대중 문화 속의 여성 이미지들이 수동적으로 이용되는 것을 막기 위해 과잉·이율배반·재편집 등을 통해서 대중 문화 속의 여성의 이미지를 전복하는 것이다. 탈현대성의 여성성은 남성적인 모더니스트 전통에 반대하나 불가피하게 다른 기호와 섞여서 야합과 비판의 이중적 의미를 동시에 갖고 있다. 전통적으로 여성의 육체와 욕망을 재현하고 바라보는 것은 남성이었다. 포스트모던 전략은 여성의 성을 희화적으로 재현하여 여성의 수동적이고 객체화된 이미지에 대항하는 것이다. 남성의 시선에 사로잡혀 물신화되어 있는 여성의 성이 사회적으로 구성되어 있음을 풍자적으로 보여 주는 것이다.

　남성의 관음적 지배 이미지와 수동적이고 객체화된 여성의 이미지는 현대의 포스트모던 예술과 대중 문화에서 그 기호적 의미가 완전히 전복되어 재현된다. 과거 예술이나 대중적 표현물에서 여성의 섹슈얼리티는 남성 감상자의 성적 욕망을 전제로 한 형태로 묘사되었다. 여성의 육체와 성 욕구를 재현하는 것은 남성의 시각이었고 이것은 모더니즘적 전통이었다. 그러나 포스트모던적 전략에서는 수동적·소비적 여성상이 시각 예술의 전통에 머물면서 패러디화된 전복적 기호들로 재현된다. 즉 관음주의·마조히즘·

나르시시즘을 통해 표현되던 여성의 성적 기호가 해체되어 간다.

린다 허치온은 콜보스키·신디 셔만·바바라 크루거 등의 포스트모던 예술 작품 속에서 이러한 경향을 보여 주고 있다. 신디 셔먼의 자화상들은 의도적인 포즈로서 남성의 시선에 의해 고정된 여성 자아의 사회적 구성을 풍자적으로 보여 주고 있다. 바바라 크루거는 〈당신이 가진 모든 것을 달라〉는 작품에서 에로티시즘의 전통적 개념을 문제시하며 당돌하게 저항한다. 그녀는 여성의 성적 욕망을 표현하는 분홍색 테두리 속에 발기한 남근을 암시하는 작은 케이크들을 묘사하면서, "당신이 가진 모든 것을 달라"는 당돌하리만큼 도발적인 명령조의 제목으로서 여성 욕망의 전통적 표현을 무너뜨린다. 이렇게 쿠르거는 에로틱한 행위에 있어서 남성의 남근적 정체성과 여성의 자기학대적 정체성을 제거한다. 실비아 콜보스키는 〈쾌락의 모델〉에서 대중매체에 나타난 패션모델의 수동적이고 물신화된 이미지들(남성의 응시를 의식하거나 나르시시즘에 젖은 여성 이미지들)을 희화적으로 표현하여 남성 지배적 시선의 세계에 대항한다.

포스트모던 전략은 여성 성의 사회적 구성과 가치 생산의 기호화 과정을 해체시킨다. 그것은 포스트모던 예술을 정치적 장으로 인도하지만 정치적 기능을 하지는 못한다. 그 속에는 급진적인 비판을 위한 잠재 능력이 내재해 있지만 역시 애매모호하다. 그 이유는 포스트모던 예술이 이중적 부호화의 한계를 갖고 있기 때문인 것이다.

카플란(E. N. Kaplan)은 마돈나(Madonna)의 MTV에서 가부장적 남성과 여성의 성적 표현에 대한 패러디와 그 수용 효과를 분석하면서 탈현대적 성 정체성의 의미를 찾는다. 마돈나는 가부장적 사회의 여성 정체성과 개별적으로 특화된 성의 부르주아적 환상에 대항한다. 팬들이나 청중들에게는 이러한 이미지의 마돈나가 실제로 그들 곁에 있는 것처럼 느낀다. 마돈나의 〈Material Girl〉〈Like a Virgin〉〈Justify My Love〉 등은 쇼와 비디오에서 여성의 순결과 단정함이란 가부장적 관념에 문제를 제기하고 중산층의 성적 코드 체계를 부서뜨렸다. 일부 페미니스트들은 특히 10대 소녀들이 실제 자신의 정체성을 은폐한 채 가부장적 여성스러움의 가면을 쓰고 있음을 발견한다. 마돈나는 피스크가 말해 주듯이 일부 소녀들에게 그들 자신의 독자적인 성적 매력의 의미를 발견할 기회를 제공한 것이다. 10 대 소녀들이 춤과 여성적인 섹시함에 부여하고 있는 일련의 의미는 가부장적 헤게모니와 경쟁하고 투쟁하는 것이었다. 마돈나의 노골적인 성적 이미지는 의존적이고 소극적인 여성성의 이상형에 대항하고, 남성 주체처럼 자율적이고, 독립적이며, 능동적인 여성 주체를 구성하는 방법을 제공한다. 파글리아의 말처럼, 마돈나는 젊은 여성들에게 자신의 삶을 전적으로 책임지는 한편 완벽하게 여자답고 섹시한 여성이 되게 가르쳐 왔다. 그녀는 소녀들에게 어떻게 하면 매력적이고, 섹시하며, 힘이 있고, 도전적이며 재미있는 여자가 될 수 있는지를 보여 준다.

마돈나는 가부장제 여성의 가면을 벗김으로써 그것을 전복시키고 동시에 자신의 육체를 내던짐으로써 가부장제 도하의 여성성을 재삼 각인시키고 있다고도 볼 수 있다. 이 것은 마돈나 현상의 이중적 코드일 수 있다. 이 점에 있어서 버틀러(J. Butler)의 패러디 행위 이론은 마돈나가 이항대립적 성 특화를 피할 수 있는 유일한 전략을 지니고 있음을 설명한다. 버틀러는 성이 특수하고 지배적인 문화의 기호 체계라고 보고, 포스트모던 패러디 전략은 성차를 그대로 유지시키는 바로 그 구성 범주들을 동원하고, 전복적으로 혼란시키며 증식시키는 것으로 본다. 예를 들어 〈Open Your Heart〉〈Blond Ambition〉 공연 전체에 걸쳐 포르노적 상징들의 과잉 표현으로 추구한 부단한 패러디는 지배적 성 범주들을 전복시키는 기호들이 수용자로 하여금 성 구성물들의 경계와 성적 주제 및 성적 환상들에 대해 의문을 품게 한다.

마돈나 이미지는 지배적 성 정체성의 규범화 과정에 대한 노골적인 도전이다. 그것은 자신의 정체성을 거부하거나 타인을 모델로 정체성을 구성하는 사람들, 자신의 내부에 이상적 에고를 간직하고 있다는 환상을 가진 사람들을 매혹시킨다. 마돈나 이미지는 성차의 기호 체계의 한계를 넘어 정체성의 변화를 추구하는 젊은이들의 심층적 욕구를 충족시킨다. 그러나 이러한 기표 전복에 대한 포스트모더니즘적 정치학은 주로 예술적 아방가르드와 지식인들에게만 인식된다. 한편으로 여성을 객체화하는 남성적 응시에 부응하는 마돈나의 일부 이미지들은 패러디와 비판을 결여하여 상품물신주의의 목표가 될 수 있다. 어쩌면 마돈나 현상은 소비자본주의와 야합한 결과이다. 사실상 그녀 자신도 미디어를 이용하여 막대한 자본 수입을 올리고, 중개인과 상업 미디어에게 항상 새로운 시장과 이득원을 제공하고 있다. 더욱이 대중의 우상을 만드는 미디어 메커니즘은 특히 10대 소비자들을 겨냥하여 마돈나의 성을 상품화, 자본화하고 있다.

8 억압된 성과 성도착

프로이트-마르크스주의 창시자 빌헬름 라이히는 모든 성적 욕망의 장치를 억압과 관련지어 재해석하고, 그러한 억압을 전반적인 지배와 착취의 기제에 결부시키고, 억압과 지배 및 착취로부터 해방되는 가능성을 모색하였다.

이 오스트리아 정신분석학자는 부르주아 사회의 권위주의와 권력에 대항하여 성적 에너지가 억제된 신경증적 '소인배'들의 성기 중심적 섹슈얼리티를 비판하고 사랑을 포용하는 행복한 섹슈얼리티의 표현을 주장한다. 그에 의하면 적절하게 표현된 섹슈얼리티는 행복의 원천이며 권력과 지배의 유혹이나 갈망에서 벗어나 있다. 그리고 리비도가 차단되어 강박적으로 표현되는 대중의 성격은 '신경의 평형 상태'를 깨트리고 방어 체계를 해제함으로써 치료할 수 있다. 문제는 사디즘·이기심·탐욕 등으로 좌절된 리비도를 해방시키고, 심리적·성적 발전이 왜곡됨으로써 상실된 오르가슴 능력을 회복하는 일이다. 라이히는 동성애를 좌절된 리비도의 산물로 보고, 성해방이 진전됨에 따라 동성애나 포르노그래피는 사라질 것이라고 보았다.

라이히는 마르쿠제와 같이 현대 문명의 억압적 특징을 강조하였다. 서구의 현대 사회는 가부장적 구조, 일부일처제적 결혼을 강조함으로써 권위주의적·착취적 사회 체계를 지지하고 있다. 그에게 있어서 건강한 섹슈얼리티를 위한 성해방이란 정치사회적 개혁과 그 궤적을 같이한다.

마르쿠제 역시 삶과 죽음의 충동에 대한 문명의 억압을 기본 전제로 하고 라캉(J. Lacan)과 같이 무의식의 중요성을 강조하나 무의식의 해방적 잠재력을 더욱 강조한다. 그는 프로이트의 무의식적 본능의 재발견을 통하여 현대 사회의 경제적 착취 구조와 사회적 지배의 메커니즘을 드러낼 수 있고, 사회비판적 매개를 찾고자 하였다. 그에 있어서 무의식의 해방이란 억압적 노동 구조로부터 벗어난 쾌락 추구이다. 진리와 행복의 기준에 따르는 쾌락 추구는 억압

기제를 비판하는 과정인 것이다. 섹슈얼리티에 대해서 그는 성기적 섹슈얼리티로의 진행이 다양한 쾌락의 가능성을 제한하는 사회적 억압의 과정으로 이해한다. 성기의 전횡(genital tyranny)은 산업 노동에 참여함으로써 리비도가 상실된 결과이다. 노동의 소외를 극복하면 리비도의 성적 쾌락은 해방되고 섹슈얼리티는 본래의 자유로운 에로스로 전환될 것이다. 삶의 본능을 풍부하게 하는 자유로운 에로스는 억압적 이성을 물리치고 문명적 사회 관계를 지속시킬 수 있는 원동력이다.

부르주아 사회 또는 산업 사회에서 억압된 성적 욕망은 후기자본주의 사회로 넘어감에 따라 다양한 모습으로 표출되기 시작했다.

푸코는 19세기와 20세기의 시대가 성적 욕망이 확산되고 다양한 형태의 성도착이 증가한 시대라고 보았다. 오늘날 이성애에 바탕을 둔 가부장적 일부일처제의 정당성이 문제시되어 서서히 담론의 중심에서 멀어져 가고, 동성애의 쾌락, 어린이의 성적 욕망, 편집증적 몽상과 광기 등 주변적 성적 욕망들이 점차 덜 단죄되고 제각기 자율성을 획득해 가고 있다. 그리고 정상적인 성과 성도착의 경계가 모호해지면서 성에 대한 제도와 주요한 규범 체계가 전체적으로 흔들리고 있다.

이러한 현상은 푸코의 경우 권력과 쾌락의 게임으로 파악된다. 그에 의하면 다양한 성적 욕망과 취향, 그리고 다양한 성행위는 권력이 행사되는 사회적 공간과 대응하고 있다. 노동력과 가족의 재생산을 위하여 사용된 성이나 다양한 도착적 성행위의 양태들은 권력의 다양한 장치에 의해 나타나고 고립되고 강화되는 현상이다. 그것은 어떤 유형의 권력이 육체와 육체의 쾌락에 개입함으로써 발생하는 현실적 산물이다. 성도착은 이러한 권력과 쾌락의 새로운 게임의 산물이다. 다양한 성적 도착의 사회적 부상은 억압적인 법과 권력에 대한 냉소나 복수의 의미가 아니며, 권력의 힘을 참고 견뎌 내는 쾌락의 역설적인 형식의 의미를 담고 있는 것도 아니다. 성도착의 정착은 결과이자 수단이다. 즉 성과 쾌락에 대한 권력의 관계가 세분화되고 증가하여 육체와 행동에 스며드는 것은 주변적인 성적 욕망의 격리 · 증대 · 공고화를 통한 것이다. 권력의 이면에 여러 가지 성적 욕망들은 나이 · 장소 · 취향 · 버릇 등에 따라 유형화되고 고정된다. 성적 욕망의 세분화와 증대는 쾌락을 세분화하고 통제하는 권력의 증대와 연결된다. 이러한 현상은 19세기 이래 의학·정신병학·매춘·포르노그래피가 중개하는 경제적 이익에 의해 지탱된다.

기든스도 한때 성도착으로 여겨지던 불법적인 성행위들이 오늘날 널리 확산되고 이에 대한 도덕적 질타가 약해져 가는 현상을 현대 사회 변화의 특징 중 하나로 보았다. 지금 현대 사회 안에서는 자위행위·혼전 성경험·혼외정사·오럴섹스·동성애 등 다양한 성 의식과 성행위에 관련된 현대인의 섹슈얼리티가 다양한 생활 양식으로 점차 인정받고, 개방적이고 공적인 자리에서 논의되고 있다. 이제 자위행위는 더 이상 죄의식을 수반하는 변태행위가 아니고 성적 쾌락을 제공함과 동시에 성적 감각을 발달시키는 방법으로 권장되기까지 한다. 그리고 과거에 성도착자, 심리적 장애자로 취급되었던 동성애자들의 섹슈얼리티도 이제 동성애자로서의 자아의 발견과 선택의 문제로 고려되고 있는 추세이다.

기든스는 이러한 섹슈얼리티를 "신체와 자기정체성, 그리고 사회규범이 일차적으로 연결된 지점"으로 보고 자아

형성의 과정으로서의 현대적 성의 특징을 말하고 있다. 한편 마르쿠제는 동성애 등 도착적 성행위를 재생산적 성행위에 종속시키는 데에 대한 저항, 즉 성기적 섹슈얼리티 체제에 대항하는 비판적 행동으로 본다. 그리고 하블록 엘리스(Havelock Ellis)는 성도착을 하나의 성적 일탈 현상으로 바라볼 것을 주장하기도 한다.

오늘날 동성애 등 성도착에 관한 사회적 인정을 요구하는 성적 다원주의의 모습은 자유민주주의 국가에서 자유와 권리를 위한 투쟁의 모습으로 이해된다. 이에 따라 성차 문제, 성 의식과 성행위의 다양성에 대한 개인적·도덕적·사회정책적 쟁점이 사회전면적으로 부상되고, 관련 집단들이 투쟁하는 양상은 성정치적 의미를 담고 있다. 1960년대 이후 여성 해방 운동과 동성애 운동은 하나의 급진적 사회 운동으로 전통적인 도덕적·가부장적 성 의식과 가족 제도를 비판하고, 새로운 공동체와 지지층을 기반으로 육체·쾌락·건강·선택 등의 새로운 도덕적·정치적 의제를 포함하는 새로운 성 정치를 탄생시켰다.

이렇게 성도착에 대한 편견과 폭력에 대항하여 성적 다원주의를 확보하고자 하는 일련의 투쟁적 담론들은 모두 기든스가 말하는 의미에서의 자기정체성에 대한 성찰적 태도에서 비롯된다고 볼 수 있다.

한편, 대중스타 마돈나가 보여 주는 노골적이고 불경스러운 성도착적 이미지도 소극적 여성스러움을 강요하는 가부장적 헤게모니에 대항하는 여성 정체성의 성찰적 표현으로 볼 수 있다. 마돈나의 노래 가사와 무대 의상은 기존의 규범적 상징을 거부하며 나아가 이를 노골적으로 파괴하고, 젊은이들에게 성차별적 기호 체계의 한계를 넘어 다양한 정체성을 추구하도록 자극한다. 그녀의 이미지는 자율적·능동적·독립적인 주체로서 완벽하고 섹시하며 용기있는 여성이다. 사도마조히즘적 변태와 동성애 등 포르노적 상징의 패러디를 통해 마돈나는 젊은이들로 하여금 기존의 기호화된 성적 주제, 성적 환상들에 대한 의문을 품고 이 기호 체계를 전복하게 한다.

9 몸의 사회학

몸에 대한 현대인의 자기 성찰이 증가하고 있는 것은 성의 현대적 특징 가운데 하나이다. 몸은 개인적 차원에서 볼때 개인의 사랑 감정과 섹스가 구체적으로 체현되는 장소이기 때문이다. 성 연구도 몸과 관련된 분야로 그 학문적관심이 옮아가고 있다.

케임브리지대학 교수 브라이언 터너(Bryan S. Turner)는그의 저서 《몸과 사회》에서 몸과 관련된 인문사회 이론을종합적으로 검토하고 정리하여 몸의 사회학 이론을 체계화하였다. 먼저 터너는 베버·마르크스·뒤르켐 같은 고전사회학자들의 이론 속에서 몸과 관련된 사상의 흔적을 추적한다. 그리고 자연/문화, 욕망/문명 등의 이분법적 사고

틀에 갇혀 인간의 몸을 제대로 평가하지 못한 마르크스주의·구조주의·현상학·비판 이론을 비판적으로 검토한다. 터너는 인간 몸의 체현, 즉 몸의 이미지와 의미가 사회구조와 역사 속에서 형성되어 가는 과정에 주목한다. 즉서구의 종교·자본주의·의료 체제·가부장제 등 사회 체제들이 어떻게 욕망의 몸과 실천을 구성하고 규제해 왔는지 살펴본다. 이에는 베버의 '합리성' 개념과 푸코의 '훈육' 개념들이 토대가 된다. 이때 몸은 질서와 통제의 물질적 대상이 되기 쉽다. 저자는 마르크스와 니체 철학적 기초 위에 사회적 존재로서의 몸 이론을 검토하고 이를 발전시킨다.

터너에 따르면 인간의 몸은 단순한 생물학적 대상이 아니다. 인간의 몸은 노동·음식·착복·섹스·질병·죽음 등과 관련되어 일련의 다양하고 복잡한 생활 관계 속에서 존재한다. 몸의 의미는 인간의 사고와 감정의 토대에 기초하고 있다. 저자에 따르면 몸은 역사·정치·경제·사회적 관계들의 메타포란 점이 중요하다. 터너는 몸의 질병도 사회 불안, 통제되지 않는 사회를 상징하는 등 사회문화적·도덕적 맥락 속에서 의미화되고 평가되고 있다고 본다. 즉 질환이 비합리적 습관들(운동 부족, 약물남용, 난잡한 성행위)로부터 초래하는 것으로 보고, 이것이 개인의 건강을 위협할 뿐 아니라 반사회적인 것으로 낙인찍히게 구성된다고 본다. 다른 예로 히스테리·거식증·광장공포증 등의 여성 질환들은 자본주의 체제 하의 남녀의 정치적 갈등과 불안이 몸을 통해 나타난 것으로 볼 수 있다. 코르셋·다이어트·섭식 관행·성형수술·비아그라 등도 마찬가지다.

터너에 의하면, 오늘날 인간의 몸은 경제적 생산과 소비의 중심에 자리잡고 있다. 인간의 몸은 시장 교환 체계에서 일종의 재산이고 상업적 대상이 되어 왔다. 병들고 늙은 몸보다는 건강하고 젊고 아름다운 몸이 경제적 가치가 높다. 그리하여 호르몬 주사를 맞고 운동을 강조하고 몸매 가꾸기에 대중의 관심이 집중되고 있다. 그리고 오늘날 만성질병과 조기사망률 감소 효과를 목적으로 시행되고 있는 비만 방지나 금연 등 공중보건 정책은 도덕적 함의까지 담고 있다. 즉 식이요법 등으로 비만을 스스로 통제하지 못하는 사람은 도덕적·사회적으로 통제력을 갖지 못한 자로 취급되고 있는 것이다.

터너의 몸에 대한 고찰은 과거로 거슬러 올라간다. 고대

그리스 시대와 기독교 시대의 금욕적 전통에서 인간의 몸은 비합리적 열정·감정·욕망의 매체로서 위험한 존재로 여겨졌다. 사회질서를 위해 몸은 종교나 문명의 기제로 규제할 대상이었다. 몸의 분비물·배설물 그리고 재생산을 교육·윤리·제도로서 통제해야 했다. 성적 욕망과 쾌락 또한 합리적 지배를 위협했기 때문에 억압당하고 금욕의 영역으로 추방되었다. 몸의 합리적 관리와 지배는 마치 왼손과 오른손잡이의 사회적 구별과 차별처럼 계속되었다. 예를 들어 조깅이나 살빼기는 의료 비용을 절감하여 국가적 차원에서 권장, 관리하는 몸의 합리화 과정으로 생각할 수 있다. 동시에 여성 개인적 차원에서는 사회의 경제·문화적 요구에 순응함으로써 건강과 성적 매력을 증대시키는 과정이기도 하다. 이는 운동을 통한 몸의 합리적 관리와 지배가 이루어지는 과정을 보여 준다.

욕망·쾌락·차이·놀이를 강조하는 현대의 대중소비주의 문화에서 몸과 몸의 이미지는 실천과 욕망의 장으로 등장한다. 개인은 욕구와 쾌락에 순응하여 감정과 욕망을 표현하려 하고, 정치적·도덕적 문제들은 몸을 통해서 표현된다. 그리고 의료기술의 발달에 따라 몸의 재형성·재

구조화가 가능하게 되었다. 따라서 체현의 변형가능성·유연성·우연성이 강조되고, 이는 개인의 정체성의 변화에 영향을 주었다.

고프만의 이론에 영향을 받아 터너는 현대 대중소비주의 시대에 인간은 소비하고 연출하는 자아를 추구한다고 본다. 오늘날 인간의 몸은 그 형태와 이미지에 의해 가치나 의미가 주어진다. 관리에 의한 몸은 사회적 지위 등 외적 가치의 상징인 동시에 정신 등 내적 가치의 외적 표지가 된다. 그리하여 몸에 대한 연구는 이미지·감성·정서·관능을 중시한다. 자아 연구는 이제 몸의 조형성 연구로 진행되어간다. 특히 터너는 몸 연구에 있어서 소비주의·패션·생활 양식이 자아에 미치는 영향을 중시한다. 이는 베버나 푸코식의 접근 방식에서 한 걸음 더 나아간 접근 태도이다.

한편, 터너의 연구에 앞서 부르디외의 연구는 그 발전 가능성의 길을 열어 주었다. 부르디외는 사회 계급에 따른 일상에서의 몸의 이미지·관리·태도 등을 연구하였다. 그는 아비투스와 관련하여 직업 집단들의 몸에 대한 생각과 취향의 다름을 보여 줌으로써 몸의 사회적 실천의 층위를 보여 준 것이다. 그러나 터너는 부르디외가 기든스와 마찬가지로 구조주의적 관점과 현상학적 관점을 조정하는 데 실패했다고 비판한다. 터너의 생각은 몸을 사회적 상호 작용과 상호성의 맥락 안에 있는 체현으로서 생각하고, 동시에 권력 관계 등 사회적 의미를 담은 상징 체계로 개념화해야 한다는 것이다. 그의 사회구성주의적 시각은 페미니즘의 몸 인식 방법과 같다. 그리고 터너는 버틀러 같은 급진주의적 해체주의가 현상학적 의미의 육체적 실천으로서의 섹스나 대인관계적 경험으로서의 섹슈얼리티에 무관심하다고 비판한다. 그 이유는 해체주의적 접근 방식들이 인식론에 관심을 둘 뿐 존재론에 대해 관심이 없기 때문이다.

이처럼 몸의 사회학은 필연적으로 젠더·섹스·섹슈얼리티의 문제들에 초점이 맞춰진다. 몸의 사회학은 정체성·친밀성·감수성 등을 탐구하면서 여성학·노년학·남성학 연구의 맥락과 닿아 있다. 터너는 관련 연구 분야에도 폭 넓은 관심을 보인다. 그러면서도 그가 중요하게 생각하는 것은 현상학적 존재론에 관심을 기울이면서 그의 구조주의적 시각을 교정하려는 시도이다. 몸의 현상학은 주체의 관점에서 체현을 설명하는 개인주의적 접근 방식이고, 역사적·사회학적 내용을 결여한 설명이다. 물론 개인이 몸에 지배권을 가지고 있다는 현상학적 전제는 가능하고 옳을 수 있다. 그러나 몸이 근친상간 금기, 가부장제 권력, 이데올로기 등의 영향을 받는 한, 사회구조적 인식은 필수적이다. 터너는 몸에 대한 객관적 이해와 주관적 이해의 격차를 줄이고 변증법을 통한 조정을 시도한다. 그러나 그의 의도와는 조금 달리 그의 이론은 몸의 사회적 존재론에 더 비중을 두고 있는 것처럼 보여진다. 그의 논의의 전개와 쟁점이 권력·이데올로기·경제 등에 많이 치우치고 있기 때문이다.

또한 터너는 현대에 와서 가부장제가 약화되어 패트리즘으로 변형되고 있다고 주장한다. 그 이유 중 하나는 현대에 와서 가구의 재산이 사회질서 유지의 중심이 되지 못함에 따라 이혼도 쉽게 허용되고 있기 때문이다. 그리고 그는 여성과 젊은이 그리고 노인에 대한 이데올로기 통제를 재산 통제에 기초한 것으로 보고 있어서 성불평등과 세대 불평등의 갈등과 해결 방법을 비교적 단순하게 보고 있다. 그러나 터너가 사회적 구성 이론들에 만족하지 않는 이유

는, 이 이론들이 인간의 질병 · 고통 · 환경 등에 관한 윤리
적 · 도덕적 논의를 하지 못하는 한계 때문이다.

III
현대적 사랑과 성의 조건

1 자아성찰과 순수한 관계

　한국의 전통 사회에서는 배우자의 얼굴도 모르고 시집 가고 장가가던 때가 있었다. 결혼이 배우자 당사자들의 일이 아니라 가문의 일로 여겨졌기 때문이다. 이렇게 결혼은 신분·족벌·사회 계층의 이익 추구를 위하여 이용되는 정략적인 사회 장치였다. 또한 일찍이 지아비와 사별한 젊은 과부가 평생을 수절하며 살아가야만 했던 것은 그것을 미덕으로 여겼던 당시 사회 윤리가 있었기 때문이다. 이렇게 전통 사회에서는 남녀간의 사랑과 성관계, 결혼은 당사자들의 의견과는 상관없이 가족과 친지의 결정 또는 공동체의 윤리와 관습 및 종교 안에서 통제되었다. 당시의 사회 구조는 개인의 감정과 성의 영역이 사회규범적이고 공적인 영역에 완전히 잠식당한 구조였던 것이다.

그러나 현대 사회의 성 풍속도는 과거 전통 사회에 비해 많이 달라졌다. 오늘날 남녀의 만남과 결혼은 주로 당사자 자신들의 감정과 의사에 따른 배우자 선택의 자유와 결정이 반영되고 있는 추세이다. 가족 · 종족 · 종교 · 관습 · 윤리 등의 외적 요소들은 사랑과 성행위 및 결혼에 있어서 개인의 감정 · 사고 · 행위에 덜 관여하게 되었다.

이같은 변화는 근대 사회 체계의 발달과 함께 개인의 자유가 신장한 결과에 따른 것이다. 근대적 정치제도와 권력 · 행정 체계가 형성되는 서구의 합리화 과정에서 공적인 영역과 사적인 영역은 분리되었다. 그리고 이러한 공사 영역의 분리는 자연스럽게 이성과 감성의 분리를 낳았다. 사회체계가 합리적 이성에 따라 조직됨으로써 이성의 영역에서 분리된 비합리적 영역, 예컨대 사랑과 성의 감정의 문제는 사적인 영역으로 편입된 것이다. 그리하여 사랑과 성, 결혼 등의 문제는 점차 개인의 심리적 지향이나 자기 결정 및 자기 정체성 확인의 과정으로 전개되었다. 이러한 사회 역사적 과정 속에서 개인들이 일상 생활 속에서 겪고 있는 연애 · 결혼 · 자녀양육 · 가족 문제는 개인의 자기정체성과 관련된 심리적 갈등의 요인이 되었다. 개인의 은밀하고 사적인 영역, 즉 감정으로 엮어지는 친밀성 영역은 공공적인 이성의 영역으로부터 분리되어 갈등과 변화를 보여 주게 되었다.

또한 이같은 변화는 19세기 이후 서구의 부르주아 계급에서 주로 지속되었던 낭만적 사랑의 확산에 기인한다. 사람들은 혼인 관계를 맺으면서 물질적·경제적 가치 이외의 것을 고려하기 시작했다. 낭만적 사랑이라는 이상이 확산됨으로써 이제 혼인 관계가 보다 폭넓은 친족 관계로부터 분리되고, 결혼 자체가 특별한 의미를 갖게 되는 경향이 나타나기 시작했다. 남편과 아내는 점차 공동의 정서적 결합의 동반자로 인식되었고, 부부 관계는 심지어 자녀들에 대한 헌신보다도 앞서 고려되었다. 그리고 대다수 여성들은 임신과 출산의 고리로부터 사랑과 성을 분리하는 사고를 할 수 있게 되었다. 또한 부부 중심의 생활은 전근대 문화의 특징인 대가족제도를 무너뜨리고 가족의 규모를 부부 중심 가족으로 축소시켰다. 그리고 가정은 일과 분리된 명확한 하나의 공간이 되었으며, 개인이 작업장의 도구적 성격과는 대조적인 정서적 지원을 기대할 수 있는 장소가 되었다.

성은 개인의 신체와 사회규범이 만나는 지점이다. 성의 재생산적 사회 과정에서 벗어나 성적 선택을 한다는 것은 자신의 신체에 대한 성찰 과정이고 자기정체성 형성의 과정이다. 열정을 포함한 현대적 사랑은 개인의 성에 대한 자유와 자아실현을 의미한다. 사랑은 육적 교감인 동시에 인간 관계에 있어서 부족한 면을 메워 주는 정신적 만남이기 때문이다. 현대적 사랑은 불완전한 인간을 완전한 주체로 만들어 주는 것이다. 현대의 연애 소설이나 영화 등에서 나오는 여성들은 대개 능동적으로 사랑을 만들고 주체적인 행동가로 묘사되고 있다. 현대의 낭만적 사랑은 무관심하거나 적대적인 타자들의 마음의 문을 열고 들어가 상호관계적 애정 관계를 만든다.

근대 초기만 해도 많은 여성들에게 사랑과 결혼은 거의 불가피하게 연결되었다. 결혼과 가족 이데올로기에 젖은 여성들이 결혼과 가족을 현실적인 도피처로 인식하였기 때문이다. 부르주아 사회의 가부장적 결혼제도는 오랫동안 남자를 사회에서 노동하게 하고 여성을 가정의 울타리에 가두어 두었다. 가부장적 부르주아 사회에서 이상적인 여성상은 결혼제도에 감금된 정숙한 여성의 이미지가 되었다. 현대적 사랑은 그동안 가부장제 안에서 구속당하고 박탈당한 여성이 위반과 타협을 통하여 자신의 개인적 삶의 조건을 만들어 가는 데 중요한 역할을 해왔다. 현대 여성은 첫 성적 경험이 인생의 향방을 결정하지도 않고, 불행히 끝나는 연애를 경험하면서 사랑이 영원하지 않음을 깨닫게 된다.

현대 사회의 여성은 이러한 사랑과 결혼의 모순을 깨닫고 가정에 속박되지 않는 새로운 관계를 꿈꾸게 된다. 그 관계란 형식적 결혼이나 가족의 제도에 의한 것이 아닌 감정적·인격적 유대를 의미한다. 이 친밀하고 지속적인 감정적 유대 관계가 현대 사회 속의 개인들이 지향하고 실천하는 새로운 인간 관계일 것이다. 이 관계를 영국의 사회학자 기든스는 '순수한 관계'라고 부른다. 이것은 성적인 순결성과는 아무런 관련이 없는 용어이다. 이것은 관계외적인 다른 것에 의존하지 않고 순수하게 관계 그 자체의 내적인 목적과 속성에 따라 형성되고 지속되는 상호 관계를 의미한다.

현대에 와서 사랑과 성은 점점 더 순수한 관계를 통해서 연결되는 경향을 보여 주고 있다. 많은 사람들에게 있어서 사랑과 성은 결혼을 통해서 연결되었지만, 이제 사랑과 결혼은 순수한 관계의 형태로 되고 있다. 이제 개인에게 중요한 것은 '결혼' 그 자체보다는 '관계'가 되었다. 이 순수한 관계가 지향하는 세계에서 사랑과 성은 더 이상 유혹과 정복의 대상이 아니고, 결혼과 가족도 경제적 자유의 도피처가 아니다. 순순한 관계의 세계는 친밀감을 느끼는 개인들이 서로 사랑의 유대를 공유하고 새로운 정체성을 협상해 가는 공간이다. 그것은 권위나 권력의 관계를 벗어나 남녀간의 평등을 지향하기 때문에 둘 사이의 수평적 친밀한 관계에 개입될 수 있는 모든 순수하지 못한 외적 요소들이 배제되는 공간이다. 오늘날 동거·별거·혼외정사·이혼 현상이 증가하게 된 원인 가운데에는 이같은 새로운 관계에 대한 인식의 증가가 있다.

돈·권력·학력 등이 개입된 사랑과 결혼 그리고 처녀성·이성애·인종 차별·연령 차별 등은 순수한 관계를 억압하고 방해하는 요소들이다. 이러한 관계외적 요소들은 오늘날까지 지배적으로 현존하고 있다. 그러나 현대인들은 이같은 결혼제도의 모순과 현실의 비합리성을 깨닫고 점차 진정한 자아와 순수한 사랑을 찾기 시작하였다. 순수한 사랑과 결혼의 기준은 인간 관계의 순수성/불순성이다. 이러한 기준에 의한다면 순수하지 못한 결혼이 순수한 관계에 의존한 혼외 사랑보다 더 도덕적으로 나쁠 수 있다. 오늘날 혼외 사랑이 순수한 관계와 친밀성에 근거할 때 사회적 비난도 줄어들고 타인들이 개의치 않는 사적 영역으로서 인정받는 경향이 늘고 있다.

　클린턴 전 미국 대통령의 성 스캔들을 예로 들어 보자. 클린턴이 만약 대통령이란 직위를 이용하여 한 여자와 성관계를 맺었다면 그 관계는 불순한 관계이다. 이런 경우로 그 여자가 그 사실을 폭로했다면 사람들은 그녀를 비난할 수 없고 동정할 것이다. 그러나 그녀가 어떤 정치적 · 경제적 이해 관계 때문에 과거의 순수한 관계를 왜곡하여 폭로한 것이라면 그녀의 행동은 비난받지 않을 수 없다. 또한 남편의 외도 사실을 알고도 힐러리가 남편을 옹호하며 가정을 유지하려 한다면 이 또한 체면이나 권력을 의식한 부정직하고 불순한 사랑의 표현이라고 비난받을 수 있는 것이다. 이렇게 불순한 의도와 불순한 관계에 의거한 사랑이나 성관계는 비난을 받는다. 그러나 순수한 관계에 의해 진전된 사랑에 대해서는 사회적 비난보다는 동정과 동경이 증가하고 있는 추세이다. 우리 사회에서도 불륜 드라마와 영화 속에서의 남녀간의 부적절한 사랑을 이해하고 공감하는 분위기가 점차 확산되고 있는 추세이다. 그 이유는 사람들이 비윤리적인 사랑이라고 무조건 비난하기에 앞서, 불륜이지만 그것이 솔직하고 순수한 감정에 기초한 사랑인지를 돌이켜보고 이해하려고 하기 때문이다. 그리고 애정과 성관계에 관한 한, 부부와 당사자들이 알아서 해결할 사적인 영역이라고 생각하고 개의치 않는 경향이 증가하기 때문이다.

현대인은 이제 결혼으로 맺어지는 사랑만이 순수하고 선한 것으로 믿지 않는다. 인류 역사가 증명해 주듯이 인간의 결혼제도에는 언제나 경제적·사회적·종교적·인종적 이해 관계가 개입하였다. 한마디로 많은 경우에 있어서 결혼제도는 그리 순수한 것이 못되었다. 그리하여 결혼은 사람들에게 사랑과 행복을 확실히 보장해 주지 못하였다. 많은 경우에 결혼은 의무와 위선의 껍데기를 남겼다.

현대 사회 속의 개인은 성과 결혼에 있어서 이해타산적 관계에 의한 친족의 개입이나 출산 및 양육의 재생산적 기능 등의 굴레에서 벗어나려고 한다. 사람들은 외적 요소들에 의해 맺어지는 형식적인 결혼제도보다 열정적이고 순수한 감정에 기초한 개인간의 애정을 더 중요하게 생각하게 되었다. 현대인들은 가족의 경제적·정략적 기능보다 자기 내부의 준거 체계에 의거한 감정적·정서적 유대의 기능을 더 중요하게 생각하였다. 이렇듯 개인간의 친밀하고 순수한 감정에 바탕을 둔 자아성찰적 사랑이 모든 외적 체계에 우선하게 된 것이다. 기든스가 적절히 지적한 바와 같이 현대 사회의 사랑·성·결혼에서 자아성찰적이고 순수한 관계가 점차 보편화되어 가는 것이다.

요약컨대 사회 조직 체계의 변화에 따라 현대인은 공적 영역과 사적 영역을 구별하고 감정·사랑·성·결혼을 사적 영역으로 분리하려고 한다. 그리고 현대인은 사적 영역에 관한 한 자신의 내부준거적 체계에 의한 자아성찰적 사고를 한다. 그리하여 현대인들은 사랑과 성, 결혼에 관해서 순수한 관계를 중시하며 개인의 사고와 판단의 자율성과 책임을 존중한다. 이것은 애정과 결혼 문제에 있어서 개인이 최대한의 자유와 행복을 추구하려는 주체적인 노력으로 볼 수 있다.

2 자아정체성과 성적 결정권

　현대 사회에서 국가 권력과 사회 조직이 점차 탈중심화되어 감에 따라 개인은 주체적인 사고와 자기 정체성에 대한 물음을 자주 하게 된다. 즉 정치·경제·사회 분야에서 개인의 자율적인 참여의 비중과 중요도가 높아가는 것과 함께, 자기 신체와 성에 관한 자아의식 및 자기 표현과 자기 관리 의식도 높아져 간다.

　자기 정체성에 관한 문제로서 사랑과 성은 개인에게 특히 가장 민감한 문제로 부각된다. 사랑과 성은 개인의 마음과 몸에 직접적으로 관계되는 문제이기 때문이다. 현대 사회의 개인들은 자기 자신의 욕망과 몸의 표현에 대해 자기 결정권을 주장한다. 내 몸은 내가 관리하고 결정할 대상이

자 주체라는 것이다. 내가 누구를 좋아하고 어떻게 육체적인 관계를 맺든지 그것은 오로지 개인 자신이 결정하고 책임질 문제라는 것이다. 그리하여 개인의 성 문제에 관해서 도덕이나 사회제도는 예전에 비해 그 통제력이 많이 약화되어 간다. 이것은 집단과 제도의 타율적인 힘보다 개인의 자율적인 능력을 존중하는 사회로 변화하는 과정에서 나타나는 현상이다.

사랑과 성에 관한 개인 자율권의 강화는 타인에 대한 개인 책임 의식의 강화를 뜻한다. 사랑과 성은 개인이 결정할 개인적인 문제이지만, 타인의 자율권을 해치지 않는 범위 내에서 개인 주체들이 상호 존중하며 다룰 문제이다.

예를 들어 동성애도 자아정체성과 자기결정권의 표현으로 이해될 수 있다. 동성애라고 하더라도 불가피한 정신 구조의 표현이거나, 개인의 주체적인 선택이라면 집단의 도덕과 제도의 논리로서 이를 단죄할 수 없는 것이다. 사랑의 감정은 당사자 개인들의 솔직하고 진지한 감정에 기초했느냐가 중요한 것이지, 남의 눈치나 평가는 부차적인 문제로 치부된다. 불륜도 마찬가지다. 일차적으로 불륜에 빠진 당사자들의 관계의 순수성 여부가 중요한 것이지, 형식적인 결혼제도나 도덕적 비난이 중요한 것은 아니다. 오히려 유치할 수밖에 없는 형식적이고 위선적인 결혼 생활이 더 나쁠 수 있다. 이렇게 현대 사회의 성에서 중요한 것은 개인의 순수한 감정의 표현과 몸에 대한 자결권이고, 이를 통해 개인들이 느끼는 자기 정체성이다.

사회학자 울리히 벡 부부는 현대 사회 구조의 변화에 따른 사랑과 결혼의 의미 변화를 자아정체성 확립과 자기 결정의 과정에서 설명하고 있다. 현대인의 사랑과 성에 대한 관심과 기대는 진정한 자아를 찾기 위한 실존적 고민의 결과이다. 사랑은 외로움을 피하기 위해 누군가와 가까워지는 동시에 독립적이고 자율적이고 싶은 꿈이다. 그런데 사랑은 많은 사람들에게 열정 · 쾌락 · 신뢰를 주기도 하지만 권태 · 배신 · 분노 · 절망을 주기도 한다. 울리히 벡 부부는 그들의 공저 《사랑은 지독한 그러나 너무나 정상적인 혼란》에서, 국가 · 계급 · 직장은 더 이상 현대인이 자신의 실존을 느끼는 곳이 아니라고 주장한다. 현대인은 성별 · 가족 · 직업적 역할을 확립시킨 산업 사회의 구조로부터 탈피한 자아를 만나고 싶어한다. 그래서 사람들은 불확실한 사회 관계보다 성적 욕망과 사랑의 감정에 삶의 의미를 부여한다. 벡 부부에 의하면 구멍난 사회적 안전망에서 개인이 안전과 위안을 찾을 수 있는 곳은 사랑뿐이다. 사람들은 각자의 마음속에 사랑이란 종교의 사원을 짓고 외적인 힘과 전통에 저항한다. 때로 사랑은 가족적 결속과 단절하라고 고무하거나 강요하기도 한다. 그리하여 배우자를 배신하고 자녀를 포기하는 것도 사랑의 위반이 아니라 또 다른 사랑의 증거가 된다. 극단적인 방식, 무책임한 행동도 사랑의 감정에 충실한 것이라면 연인들 사이에 받아들여진다. 사랑은 의사 교환 및 상호 동의로 연인들 스스로가 규칙을 만들어 가는 것이기 때문이다. 사랑은 이렇게 지극히 감정적이고 주관적인 체험에 의해 정당화된다. 현대의 사랑은 탈전통적이고 더 이상 법률적 의무나 도덕에 의해 방해받지 않는다. 벡 부부는 현대인의 이러한 사랑에의 몰입이 교육·직업·입법·가족 생활의 변화에서 비롯된다고 본다.

그러나 낭만적 사랑으로 맺어진 결혼도 1,2년 후면 식어버리고, 설거지·섹스 체위·외도·자녀 등 크고 작은 문제로 부부 갈등이 나타나곤 한다. 개인의 자유와 배우자 및 가족 사이에 갈등은 생기기 마련이다. 이런 갈등을 해결하지 못할 경우 사람들은 이혼을 하고 또다시 사랑의 열병에 빠져 재혼을 하고는 또다시 비슷한 갈등에 직면한다. 그래서 아예 동거, 계약결혼, 미혼모자 가정, 독신 생활을 선택하는 사람들이 있다. 벡 부부는 사랑의 모순과 갈등을 해소하기 위해서 당사자들이 솔직한 자세로 타협하고 상호 통제가 필요하다고 본다. 결혼 계약서를 상세하게 작성하는 것도 나중에 사랑의 상처를 최소화할 수 있는 타협의 한 자세일 수 있다.

3 상호 신뢰와 배려의 사랑

일반적으로 사랑에 빠진 사람은 상대방에게 집착하게
된다. 그리하여 상대에게 너무 집착한 나머지 상대의 입장
을 배려하지 않고 자기 중심적인 이기주의에 빠지기 쉽다.
주체성·친밀감·상호 신뢰가 중요한 현대적 사랑에서는
상대의 감정이나 입장을 배려하는 자세가 더욱 요구된다.
자기 주관에 빠져 배려가 결핍된 사랑은 왜곡된 성의 표현
이나 불행한 사랑의 종말로 이어지기 때문이다.

이에 관해서 실제 예를 하나 들어 보겠다. 어느 대학교
강의실에서 일어난 사건이다. 한 남학생이 수업 도중 한 여
학생에게 달려들어 강제로 키스를 했다. 이 남학생은 자신
의 이런 행동이 오래전부터 숙고한 결과로 최선의 선택이

었다고 말했다. 그는 자신의 첫 키스를 받은 그녀가 행복할 것이라고 굳게 믿고 있었다. 그러나 성추행을 하고도 그것이 사랑의 표현이라고 생각하고 자기도취에 빠진 이 남학생은 상대방 여학생의 입장을 생각해 보지 않은 것이다. 교수와 학생들이 보고 있는 강의실에서 느닷없이 성추행을 당한 그녀가 느꼈을 황당함과 수치심, 그리고 분노를 생각해 보지 않았던 것이다. 이것은 상대방의 감정·의사·인격을 무시하고 강제적으로 자기의 일방적인 성적 욕구만을 충족시키는 강간과 다를 바 없는 행동이다. 이러한 행동은 성폭력이자 심각한 인격 침해 및 사생활 침해 행위이다.

짝사랑은 흔히 존재한다. 그러나 사랑한다는 이유 하나만으로 사람을 따라다니며 괴롭히고 때로는 협박까지 하는 것은 스토커의 사랑이다. 이는 좋아하는 사람에 대한 배려는커녕 병적인 집착과 극단적인 자기 중심적인 사랑에 빠진 사랑이다. 이와 관련해서 한 소설을 예로 들어 보겠다.

이안 맥완의 장편 소설 《사랑의 신드롬》은 이런 스토커의 사랑과 그 파국을 다루고 있다. 주인공 조는 그에게 과분한 미모의 아내와 금실 좋은 부부 관계를 갖고 있었다. 그런데 어느 날 우연히 한번 마주친 패리라는 젊은 남자가 조에게 구애를 한다. 그는 조의 주위를 맴돌며 신앙과 사랑의 이름으로 조를 괴롭힌다. 전화응답기에 서른 번 이상 메시지를 남기기도 하고, 사랑을 고백하는 장문의 편지를 1주일에 서너 통 보내기도 한다. 미행을 하고 만나달라고 애원을 한다. 조는 패리에게 전혀 관심이 없지만, 패리는 조가 보내는 사랑의 신호를 받는다는 망상에 빠져 기쁨에 전율한다. 패리에겐 운명같이 엄습하여 가슴속에 작열하는 사랑이지만, 조에게는 불쾌하고 위협적인 사랑이다. 조의 이런 상황을 이해 못하는 아내는 의심하고 마침내 부부 사이는 금이 가기 시작한다. 스토커의 광적인 사랑은 급기야 증오와 폭력으로 변한다. 패리는 살인 청부업자를 고용해 조를 살해하려고 한다. 패리는 조의 집에 침입하여 아내 옆에서 자살소동을 벌이고, 조는 그를 총으로 쏘고야 만다.

　이 소설은 소위 '드 클레랑보 신드롬'이라는 정신분열증적인 사랑을 다루고 있다. 조에 대한 패리의 병적인 집착에 대한 심리 묘사가 뛰어난 작품이다. 집착과 자기 중심적인 사랑은 일종의 강박관념일 수 있다. 정상적인 사랑에서도 갈등이 생기면 질투·앙심·보복의 감정에 사로잡힐 때가 많다. 헤어진 사람에게 미련을 갖고 과도하게 집착하는 것도 강박관념 때문이다. 아직도 그 사람이 자기를 사랑하고 있다는 망상에 빠져서, 헤어진 사람에게 가끔 전화를 걸어 보는 행위도 정신분열 초기 증세일 것이다. 상대방이 원치 않는 사랑을 강요한다면 사랑도 죄다. 그것은 상대방을 파괴하고 자신을 파멸로 이끌기 때문이다. 서로 죽도록 사랑한다면 죽음도 초월하지만, 혼자만 죽도록 사랑한다면 서로를 죽음으로 몰고 갈 수도 있다.

사랑이 이루어지려면 자기 중심주의적인 틀에서 벗어나 상대를 먼저 배려하고 그의 입장을 존중하고 보호하는 자세가 필요하다. 누구나 이 점을 알고 있으면서도 실제 연애와 결혼 생활에 있어서 둔감하거나 모순적이고 이중적인 행동을 할 때가 많다.

또 다른 소설, 베른하르트 슐링크의《책 읽어 주는 남자》는 여심을 이해하고 배려하는 것이 쉽지 않은 일임을 보여 준다. 36세의 한나 슈미츠 부인에게 '책을 읽어 주는 남자'는 15세의 소년 베르크이다. 소설은 성숙한 여인과 성에 눈뜨는 소년과의 육체적 관계에 '책 읽어 주기'라는 묘한 행위를 개입시킨다. '책 읽어 주기, 샤워, 사랑행위, 그리고 나서 누워 있기'는 이 연인들의 계속된 만남의 의식이 되었다. 그 중 책 읽어 주기는 사랑행위 이전에 그녀에게 전희와 같은 만족감을 주는 특별한 의식이었다. 소년은 언제나 그녀의 육체를 탐닉했고, 어느 날 그녀가 홀연 떠나가 버린 후엔 그녀를 몹시 그리워했다. 세월이 한참 흐른 뒤 법대생이 된 베르크는 우연히 법정에서 그녀를 보게 된다. 그녀는 전쟁중 강제수용소 근무와 관련되어 재판받고 있었다. 이 재판 과정중 베르크는 그녀가 문맹이란 사실을 알게 된다. 동시에 그는 과거에 책 읽어 주기와 그밖에 이해하기 힘든 일들, 그리고 전범의 죄까지도 그녀의 문맹과 관련되어 있음을 깨닫게 된다. 그는 그녀의 형량을 낮추기 위해 사실을 밝혀야 한다고 생각했다. 그러나 그녀는 문맹의 수치심을 감추기 위해 없는 죄까지 뒤집어쓰고 종신형 선고를 받는다. 베르크는 그녀에 대한 그리움 때문에 이혼을 하고 만다. 그는 그녀가 할머니가 되어 18년 만에 사면되기까지 무려 10년 동안 책 읽은 녹음 테이프를 감옥에 보낸다. 사랑과 죄책감 때문이다. 그러나 석방되는 날 새벽에 그녀는 소년 시절 베르크의 사진을 고이 간직한 채 스스로 목 매달아 죽는다.

사람은 얼마만큼 사랑하는 사람의 마음속 깊은 곳까지

헤아려야만 하는지, 애인의 약점과 자존심을 어떻게 이해하는 것이 사랑인지를 깨닫게 해주는 소설이다. 애인을 위하여 '책을 읽어 주는 남자'는 그녀의 깊은 마음까지는 읽지 못했던 것이다. 녹음 테이프를 듣는 것은 그녀에게 더이상 기쁨만은 아니었을 것이다. 그녀를 이해하고 사랑하기에 주인공은 충분히 섬세하지 못했고 배려의 정신이 부족했던 것이다.

4 세대를 초월한 사랑

　나이 차이가 많이 나는 커플들은 세인들의 호기심과 수다의 대상이 되곤 한다. 유명 연예인 커플인 경우에는 더욱 세간의 관심을 끌 수밖에 없다. 미국 영화감독 우디 앨런과 재미교포 순이 패로우는 1997년 34세의 나이 차이를 극복하고 부부가 되었다. 이 둘은 처음엔 부녀 관계였다가 점차 연인 관계로 발전한 후 두 딸까지 입양함으로써 세계의 이목을 끌었던 것이다. 세계적인 팝스타인 마돈나에게는 10년 연하의 남편 영화감독 가이리치가 있다. 프랑스 여류 소설가 마그리트 뒤라스는 66세 때 38세 연하인 얀 앙드레아와 죽을 때까지 16년 동안 사랑을 나누기도 했다.

　이 외에도 20-30년의 나이 차이를 극복하고 결합에 성공한 커플들은 많다. 영화배우 캐서린 제타 존스와 마이클 더글라스의 결혼, 프랑스 영화감독 뤽 베송과 밀라 요요비치의 결혼, 소니 레코드 사장 토미 모톨라와 머라이어 캐리의 결혼, 해리슨 포드와 캘리스타 플록하트의 열애, 중국 축구대표팀 감독 밀루티노비치와 축구 전문 여기자 리샹과의 열애, 독일 외무성 장관 요슈카 피셔와 여대생의 열애 등은 이들이 유명인사라는 점과 커플 사이의 현격한 나이 차이로 전 세계인의 이목을 끌었다.

이런 이색 커플 얘기는 먼 나라 얘기만은 아니다. 조금만 돌아보면 우리 사회에도 얼마든지 찾아볼 수 있다. 최원석 전 동아그룹 회장과 미스코리아 출신 아나운서 장은영 씨의 결혼, 뉴스앵커 박성범 씨와 앵커우먼 신은경 씨의 결혼, 탤런트 유통과 20세 연하 여성의 결혼, 김흥수 화백의 결혼 등이다.

위에서 예를 든 커플들은 모두 연예인·유명인사·재력가들이다. 그런 까닭에 세대 차이가 많이 나는 유명인사 커플들에 대한 세상 사람들의 시선은 평범하지 않다. 즉 커플들의 결합을 부러운 시선으로 보거나 불순하게 바라본다는 것이다. 그 이유는 유명 커플들이 갖고 있는 다음과 같은 공통점 때문일 것이다.

대개의 경우 커플 중 남자는 큰 재력이나 권력을 갖고 있는 사회 지도층 인사이거나 대중스타 혹은 유명 예술가인 경우가 많다. 그리고 여자는 대개 빼어난 외모를 가진 젊고 매력적인 스타 혹은 평범한 일반인이다. 물론 반대로 여자가 나이 많고 상대방은 연하의 젊은 미남인 경우도 있다. 이런 외견상 공통점 때문에 일반 사람들은 이들이 순수한 사랑으로 결합된 커플이라고 인정하지 않을 수 있다. 즉 이같은 커플 결합에는 물질과 성의 교환 법칙이 작용했으리라는 생각 때문이다. 다시 말해서 이런 커플들은 진정한 사랑으로 맺어진 결합이라기보다 재력과 사회적 지위를 젊고 빼어난 미모와 교환하는 형식으로 맺어졌을 것이라는 추측 때문이다. 이렇게 조건과 교환에 의한 결합이라는 설명은 만약 커플 당사자들이 듣게 되면 모욕적으로 들릴 수 있다. 그래도 커플들은 결합의 순수성을 의심하는 사회적 시선의 부담감을 감내해야만 한다. 심지어 이미 돈과 미모를 모두 갖고 부러울 것 없는 여배우도 나이 많은 스타 남성을 선택하는 경우, 욕심이 많은 여자이기 때문이라는 의심을 받아야 한다.

그러면 정상적인 커플 결합은 어떻게 이루어지는가? 탁월한 미모를 가진 여성은 역시 탁월한 미남과 만나야 하고, 재력이 있는 남성은 역시 재력가 여성과 만나야 자연스러운 것인가? 연령뿐만이 아니라 재산, 지위 등 모든 조건에서 큰 차이가 나지 않는 커플이 바람직한 커플인가? 바람직한 결합을 위해서는 사랑보다 외적 조건의 일치를 보아야 하는가?

사실상 제삼자는 조건과 교환에 의한 결합인지, 순수한 사랑으로 맺어진 커플인지 잘 모르고 알 길이 없다. 단지 상투적인 사고로 추측하고 의심할 뿐이다. 남녀간에 느끼는 매력과 사랑 감정은 당사자들만이 잘 알 수 있는 것이다. 그리고 분명한 것은 나이가 사랑과 결혼에서 고려하는 변수이지만 현대에 와서는 인종과 국경 등의 장벽과 함께 나이의 벽이 점차 허물어져 가는 경향이 증가하고 있다는 사실이다.

연예인 이외에 우리 주변에는 나이 차이가 많은 평범한 커플들이 적잖이 있다. 나이 차이가 많든지, 재산 혹은 학력 차이가 크든지 간에, 커플 당사자들이 서로 사랑하며 잘 살고 있다면 가정적으로나 사회적으로 문제될 것이 하나도 없을 것이다. 오늘날 세대 차이가 나는 커플들에 대한 편견과 오해가 점차 줄어들고 있다. 이것은 현대인들이 개인적이며 주관적인 사랑 감정을 이해하며, 차이와 다양성에 대한 사회적 관용의 필요성을 공감하기 때문이다.

5 사랑과 결혼의 조건

 '조건을 보고' 결혼한다는 말을 자주 듣듯이, 실제로 사랑 · 섹스 · 결혼에서 돈 · 권력 · 명예 등 사회적 가치들과 미모 · 젊음 · 성적 매력 등 신체적 가치가 교환되곤 한다. 조건에 의한 성 거래의 극단적인 형태로는 성 상납, 매매춘이 있다. 전근대적인 결혼제도에도 성 거래의 성격이 있다.
 인류 역사상 결혼은 일반적으로 남성의 경제적 능력과 여성의 성이 교환되는 제도화된 관습이었다. 오늘날의 결혼에서도 대부분의 여성은 남자의 가족 부양 능력을 계산하고, 남자는 여성의 미모를 따지는 관습이 여전히 남아 있다. 현대인들은 일반적으로 결혼에 있어서 신분 · 나이 · 학력 · 종교 · 정서 상태 등을 고려하지만 그 중에서도 재력(직업)과 섹스(외모)를 가장 중요한 조건으로 인식하고 있다. 그리하여 오늘날까지 결혼이란 여자가 남자에게 성을 제공하고 평생을 보장받는 제도처럼 여겨졌다. 일찍이 영국의 사회복지보고서에서 비버리지가 여성을 빈곤으로부터 해방시키기 위해 결혼을 적극 장려해야 한다고 주장했던 것도 이런 맥락에서 나온 발상이다. 요즈음 일부 대학에서 결혼한 여대생을 대졸자 취업 통계에 포함시키는 것도 이같은 발상과 무관하지 않다.

성의 경제학적 관점에서 보자면, 결혼 시장에서 예쁘고 젊은 여자일수록 값이 비싸다. 그리고 경제적 능력이 없는 남자는 예쁜 여자를 만나기가 힘들다. 반면 여자는 남자의 외모를 비교적 그다지 따지지 않는다. 현실적인 여자는 가난한 20대 남자친구보다는 40대의 부자 남성을 선호할 것이다. 반대로 돈 많고 능력 있는 여성은 상대적으로 젊은 남자와 결혼하기도 한다. 이런 조건들에 의한 결합은 특히 재계와 연예계에서는 많이 이루어지는 경향이 있다.

이렇듯 대개의 경우에 있어서 결혼은 조건에 의한 만남이고 결혼 생활의 많은 국면들은 일종의 원조교제의 성격을 띠고 있다. 이같은 결혼의 성 거래 성격은 부부간의 역할 분담과 결혼이란 제도로 정당화되어 왔다. 결혼은 성인 남녀간의 성관계를 합법화하면서 법적·경제적·도덕적 책임과 의무가 따르는 사회계약 관계로 만들었다. 그리하여 부부간의 성적 관계만이 적법하고 도덕적인 것으로 인정되었다. 그리고 결혼이라는 이데올로기는 남녀간의 성적·경제적 거래를 미화하고 제도적으로 신성화하였다.

한편 몸의 사회구성주의적이고 여성주의적인 관점에서 본다면, 결혼은 사회적 관계가 여성의 몸에 강력하게 투사되는 단계로 볼 수 있다. 여기서 사회적 관계란 남녀 관계의 지배와 복종의 관계를 말하는데, 결혼제도는 젊은 여성의 섹슈얼리티와 경제력(노동력)에 대한 나이든 남성의 지배와 통제 능력의 우월성을 보여 주고 이런 문화적 체계에 여성을 무의식적으로 복종시키고 길들이게 한다. 다시 말해서 결혼은 여성의 몸을 통하여 여성에 대한 남성의 지배를 존속 내지 확장시키는 합법적 방식이자 과정으로서, 성과 노동에 있어서 남녀의 불평등적인 종속 관계를 재생산하는 수단이 된다. 이렇게 근대적 결혼제도는 자본주의 사회의 배금주의와 가부장제를 공고히 하는 기능을 하였다.

그러나 오늘날 성 거래는 점차 조건과 계약을 뛰어넘는

탈근대적 경향을 보이면서 변화하고 있다. 즉 사람들은 조건을 의식하지만 그보다는 자신의 감정에 충실한 순수한 사랑을 할 수 있는 자신감과 자아 정체성 확립에 더 비중을 두고자 한다. 그리하여 조건에 의해 노골적으로 거래되는 섹스와 결혼이 비난받고, 결혼의 가부장제적 잔재는 여성주의에 의해 도전받는다. 단지 조건에 의한 남녀 관계와 결혼은 순수하지 못할 뿐더러, 그런 결혼은 궁극적으로 여성을 억압하는 것이라는 이유 때문이다.

한편, 조건에 의한 성관계나 결혼에 대한 비난은 금전 · 권력 · 명예 같은 사회적 가치를 중시하고, 외모나 성적 매력 같은 개인의 신체적 가치를 낮게 평가하는 이중성과 모순에 빠져 있다. 누군가를 사랑하게 되는 이유가 있다. 상대방의 사회경제적 배경이나 개인의 성품 혹은 육체적 매력 등에 이끌려 사랑하게 된다. 이것이 사랑의 조건이 된다. 개인의 사회적 · 신체적 · 심리적 조건은 사회적으로 그 가치가 매겨져 있다. (이것을 극명하게 보여 주는 것이 결혼 중매 시장이다.) 따라서 개인의 정서 상태 · 외모 · 신체적 능력 · 성적 매력 등도 돈이나 명예와 같이 사회적 가치를 지니고 자본화되어 있다. 부르디외 식으로 보자면 '신체 자본' 이라고 부를 수 있을 것이다.

신체적 가치를 다른 정신적·사회적 가치들에 비해 낮은 것으로 평가하는 것은 성적 편견과 위선에 불과하다. 우리 사회는 육체에 대한 정신 우월주의 사상의 뿌리가 깊은 데다가, 자본주의 사회는 여성의 몸을 상품화하였다. 무릇 상품에는 가치가 매겨져 있는데, 사회는 유독 여성의 신체만을 성의 상품화와 매춘의 대상으로 매도하면서 그 상품가치를 인정하지 않으려고 한다. 사실상 자본주의 체제 하에 자본화되지 않은 것은 하나도 없다. 정신적 능력뿐만 아니라 신체적 조건과 능력도 자본화되어 있다. 신체는 개인에게 있어서 하나의 자산이다. 여성의 신체적·성적 자본을 인정하지 않고 도덕적으로 비난하는 것은 여성에 대한 성적 억압과 착취의 구조를 은폐하는 위선적인 행위이다. 사회가 여성의 육체와 성을 상품화했으면서도 자본을 사회적으로 인정하지 않으려 하고, 이를 곧바로 성의 상품화나 매춘과 연관시키는 행위는 가부장적 자본주의 질서 체계를 유지하려는 위선에 불과한 것이다. 실제로 모든 사회적 관계에서 여성의 신체와 섹슈얼리티가 등급화되어 있고 하나의 자본으로서 기능하고 있음에도 불구하고, 사랑과 결혼 관계에 있어서는 이를 부인하고 비난하는 것은 모순이자 위선이다.

 탈현대적 성과 결혼에서는 정신과 신체가 분리되고 신체가 정신보다 열등하다는 개념이 없다. 성적 매력을 포함한 개인의 신체 자본 또한 그 어떠한 정신적·사회적 가치만큼 중요한 것이다. 따라서 모든 성 거래나 결혼에서는 합당할 만한 가치 및 물질 교환이 있다. 이것은 금전적 가치만큼이나 소중한 육체적 매력도 존재한다는 것이지, 여성의 정신이나 몸이 돈에 팔려간다는 것이 아니다.

 우리 사회는 사랑과 성에 금전적 가치를 매길 수 없고, 돈으로 사고 팔 수 없을 뿐더러 법적·도덕적으로 이를 금지하고 비난한다. 그러나 결혼시장에서의 모든 성적 거래나 금전적 거래는 합법적으로 도덕적으로 인정된다. 탈현대의 개인은 자신의 몸과 정신이 상품화·자본화되어 있음을 인식하지만 이의 가치를 낮추거나 비난하지는 않는다. 그는 몸에 대한 성찰로부터 자아정체성을 추구한다. 몸을 정신에 종속된 부수물로 여기는 전근대적 사고에서 탈피한 생각이다. 아름다운 얼굴, 건강하고 탄력 있는 몸, 섹시한 몸은 정신적 가치만큼이나 중요한 것이다. 개인이 가꾸고 조절하여 관리하는 몸은 감각과 쾌락을 느끼는 주체이고 그 성적 매력과 힘은 경제적·사회적 자산인 것이다.

그러나 탈현대인은 온갖 조건을 붙여가며 사랑과 성관계 및 결혼을 단순한 계약적 관계로 변질시키지 않는다. 탈현대인은 조건·계약·도덕도 뛰어넘는 애정도 존재하고, 존재해야 함을 받아들인다. 따라서 혼전 성관계, 혼외 성관계 등도 매매춘이 아닌 이상 법적·도덕적 책임과 비난을 벗어나야 한다고 생각한다. 탈현대 사회에서는 제도규범 내 사랑과 일탈적 사랑이라는 구분보다 순수한 사랑과 불순한 사랑의 구분이 더 근본적이고 중요한 것으로 대두되고 있는 것이다.

6 신체 자본으로서의 몸

풍만하고 살찐 여성이 다산과 물질적 풍요의 상징이고, 배나온 남성이 권력과 부의 상징이었던 시대는 갔다. 20세기 후반부터 근육질의 날씬한 몸은 경제적·시간적 투자와 자기 관리 및 사회적 성공의 상징으로 되었다.

현대 사회에서 몸의 상징적 의미는 변하였다. 몸은 더 이상 출산과 노동을 위한 도구가 아니다. '얼짱'과 '몸짱'으로 불리는 예쁜 얼굴과 날씬한 몸은 젊음·건강·섹시함 이외에 자기 절제·세련미·자신감의 상징이 되었다. 이에 따라 성과 관련하여 개인의 몸 정체성과 몸 관리는 매우 중요한 요소로 부각되고 있다. 건강하고 아름다우며 섹시한 몸은 자아만족을 주며, 사회적으로도 인정받는다. 그러나 비만한 몸은 성적 감각도 떨어지고 사회경제적 가치가 없으며, 비만한 자는 사회적으로 자기 제어력이 부족하고 불만족스러운 사람으로 인식된다. 비만과 못생김은 혐오의 대상이 되고 비정상으로 취급당한다. 못생기고 뚱뚱한 몸은 사회적 조롱과 자기모멸의 대상이 되고 콤플렉스의 원인이 되곤 한다. 의학적으로도 비만은 성인병의 주원인으로 몰리면서 뚱뚱한 자는 사회적으로 비정상인 취급당한다. 그리하여 살과의 전쟁을 치르는 비정상적인 사람들과 심지어 정상인까지 강박관념으로 인해 거식증·폭식증 환자로 전락하기도 한다.

현대인은 건강하고 성적 매력을 갖춘 몸을 만들기 위해 운동과 성형수술을 한다. 특히 오늘날 성형 의료기술의 발달은 몸의 아름다운 변형을 가능하게 해준다. 개인은 자아만족과 사회경쟁력 증대를 위해 미용의료 소비를 통한 자아 연출을 한다. 현대인은 몸의 형태와 이미지 구성을 통해 자신의 몸의 가치나 의미를 만들어 간다. 자아의식을 갖고 자기 몸을 조형적으로 구성하면서 자기 정체성을 만들어 가는 것이다.

현대인은 몸의 가치를 알고 훌륭한 몸을 숭배하기에 이

르렀다. 몸이 사회적 가치를 지니는 이유는 그 건강함·젊음·성적 매력 때문이다. 그리하여 사람들은 몸 관리에 시간과 자원을 아낌없이 투자한다. 훌륭한 외모를 하나의 자본으로 인식하고 예쁜 얼굴과 건강하고 아름다운 몸매를 만드는 데에 몰두한다. 사람들은 아름다운 몸의 이미지를 동경하고 이런 몸을 갖기 위하여 식이요법·운동·성형수술·몸매 교정·화장법·피부 관리 등에 신경을 쓴다. 타고난 절세미인이 아니라면 사람들은 아름다워지기 위해서 몸을 가꾸는 노력을 기울여야 한다.

아름다워지기 위한 욕망 충족과 신체 자산의 축적을 가능하게 한 것은 현대 외모 산업이다. 다이어트 식품, 다이어트 댄스, 한방 다이어트에서부터 화장법, 피부 마사지, 탈모방지 약, 지방 흡입술, 미용 운동, 성형미용 등이 성행하고 있다. 성형미용수술의 경우, 광대뼈와 턱을 깎아 갸름한 얼굴형을 만드는 안면 성형수술이 있다. 그리고 기미·잡티를 없애고 깨끗한 피부를 위한 박피수술과 눈가와 이마의 주름을 제거하는 성형수술도 있다. 또한 현대 의술은 쌍꺼풀을 만들고 콧날을 오똑하게 세운 후 보조개도 만들어 수려한 이목구비를 만든다. 가슴의 크기도 조절하고, 지방흡입술로 팔뚝·허리·엉덩이·허벅지의 지방을 빼고 종아리 알통을 없애 몸매를 다듬는 수술도 있다. 현대인이 추구하는 기본적인 미인형은 쌍꺼풀의 큰 눈, 우뚝 선 코, 갸름한 턱, 주먹만한 얼굴, 롱다리 등을 갖춘 사람이다.

현대 사회에 와서 성형수술이 확산되어 가는 이유는, 소득이 높아지고 문화 생활 수준이 향상됨에 따라 사람들이 자기 몸을 아름답게 가꾸면서 자기애를 느끼며 자기 정체성을 만드는 의식이 증가하고 있기 때문이다. 현대인은 남에게 보이기 위한 얼굴과 몸을 만들기보다, 자신의 건강과 미에 대해 자기 만족과 자기 실현의 자신감을 갖기 위해 성형수술을 한다.

몸은 자아만족과 자기 실현을 위한 자기 정체성 형성에 관련된다. 몸은 노동과 생식을 위한 도구인 동시에 자기 실현과 자아정체성의 표현인 것이다.

인간은 사회화되어 가는 과정 속에서 몸을 의식하며 심리적·사회적 정체성을 갖게 된다. 인간은 합리화되고 개성화되는 자기 몸에 대한 성찰을 통해 자기 정체성을 형성한다. 그리고 자아의식으로 통제되고 관리되는 몸과 타인으로부터 인정받는 몸을 통해서 비로소 존재론적 안정감을 얻게 된다. 사람들이 외모 가꾸기에 몰두하는 이유는 주체적인 육체 인식을 통해서 자기 실현과 자아정체성을 형성하기 때문이다. 사람들은 외모의 사회적 가치 및 상품적 가치의 효용성을 적극적으로 수용하면서 소비를 하며 자아형성과 자기 만족을 극대화시키려고 한다.

한편 여자들이 남자들보다 외모에 대한 자아의식이나 콤플렉스가 많은 것은 가부장적 사회에서 자기 실현 욕구가 강하기 때문이다. 오늘날 여성은 남성의 시선과 욕망에 따라 수동적으로 외모 치장을 하는 것만은 아니다. 아름다운 외모는 남녀 모두에게 자아만족과 자아도취를 불러일으키면서 강한 성취욕과 자신감을 불어넣어 주고 있다. 아름다운 육체, 그것은 소비자본주의의 욕망과 자아실현의 욕구가 만나 만든 하나의 가치이다.

현대인이 몸으로부터 자기 정체성을 찾으려는 노력은 당연하다. 이런 노력은 정신과 몸이 분리되고 정신에 비해 몸이 괄시받던 중세 이후의 철학과의 단절을 의미하기도 한다. 그리고 이것은 지성중심주의의 편견·위선·오만에 대한 반발일 수 있다. 인간은 매혹적인 육체를 탐하면서도 건강하고 섹시한 몸이 위대한 정신만큼 가치를 지닌다는 사실을 인정하지 않으려고 했다. 오늘날의 외모지상주의는 정신에 대한 육체의 해방이라고 할 수 있다. 그러나 외모지상주의도 인간미에 대한 다양한 관점과 기준을 저버리고 획일적 미모만을 추구하는 공허한 관념이 되어 버렸다.

그런데 확실히 건강한 신체와 성적 매력이 있는 외모는 사람들의 호감을 산다. 예쁜 여자, 잘생긴 남자는 자신에게 만족하고 남의 눈도 즐겁게 한다. 잘난 외모를 가진 사람은 자신감이 넘치고 사교적이다. 사람들은 미인에게 호감을 갖고 그를 우대하는 경향이 있다. 그래서 얼굴 예쁘고 잘생긴 사람이 다른 사람보다 기회를 잡고 성공하여 행복해질 가능성이 크다는 인식이 팽배해 있다. 질병이 없는 강건한 몸을 가진 사람은 자신감 있게 사회 생활을 할 수 있고, 아름답고 섹시한 몸은 직장을 얻거나 배우자를 얻는 데에 유리하다. 사실상 외모는 연애와 결혼시장에서 중요하고 결정적인 요인으로 작용하기도 한다.

현대인은 사회가 부여하는 몸의 미학적 가치와 사회적 가치를 알고 있다. 그래서 사람들은 외모를 가꾸는 데에 투자를 한다. 쌍꺼풀을 만들고 낮은 코를 세우며, 주근깨와 잡티를 없애기 위해 박피수술을 한다. 머리 염색과 손질을 하고 화장을 한다. 그리고 일류 디자이너가 만든 고급 옷을 입는다. 이제 대중미디어에 나오는 여성 연예인들만 성형수술을 받는 것이 아니라, 중년과 노년의 보통 남녀들도 성형수술을 받는 등 성형수술이 어느 정도 보편화되었다. 평범한 직장 남자들도 젊고 호감이 가는 이미지로 변신하기 위해 성형외과를 찾는다. 자기 만족을 넘어 사회경쟁력을 높이기 위해 자기 신체에 투자를 한다. 대통령도 성형 보톡스 주사를 맞고, 정치인들도 얼굴에 검은 점을 빼고 검은 머리 만들기 등 외모에 관심이 높다. 사람들은 아름다운 외모나 젊고 건강한 신체는 하나의 큰 자본이 될 수 있다고 인식한다. 이것이 현대인이 성형수술에 관심을 갖는 두번째 이유가 된다.

2002년 한 광고 대행사의 조사에 의하면, 우리 사회의 13-43세 여성 가운데 68퍼센트는 외모가 인생의 성패에 크게 영향을 끼치며, 78퍼센트는 외모 치장이 단순한 멋이 아니라 생활의 필수 요소라고 생각하는 것으로 나타났다. 그리고 69퍼센트는 외모에 신경을 쓰고 외출하면 타인이 더 친절하게 대해 주고, 56퍼센트는 또래의 여성을 보면 외모부터 비교하게 된다고 응답했다. 한편 단순히 친구와 타인들의 관심을 끌기 위해 액세서리로 외모 치장에 치중하는 10대와는 달리 2,30대 여성들은 사회적 경쟁력을 높이는 수단으로 외모를 여겨 다이어트·운동·피부 관리·성형미용수술 등 적극적인 방법으로 외모 관리를 하는 것으로 조사됐다. 더 나아가 중년 여성들은 외모를 사회적 지위의 지표나 부의 상징으로 평가하는 경향을 보였다.

이처럼 우리가 직접적으로 몸값을 매길 수는 없지만 적어도 몸은 다른 자원으로서 전환이 가능한 하나의 자본이 되었다. 그래서 사람들은 사회가 원하는 특정한 형태의 몸의 기준에 우리 몸을 사회화시키며 몸에 투자한다.

외모와 신체는 개인적 자산이자 경쟁 사회에서 투자할 만한 대상이라고 생각하는 사고가 팽배해 있다. 외모는 사회학자 부르디외가 말하는 경제 자본·학력 자본 이외에 하나의 신체 자본으로서 정당한 평가를 받기 원한다. 사람들은 언젠가 사회적 효력을 발휘할 신체 자본의 축적을 위해 몸에 경제 자본을 투자한다. 사람들은 육체 자본이 경제 자본화하는 그 전환 능력을 굳게 믿으며 투자의 정당성을 부여한다. 그들은 육체 자본이 언제나 보상받을 만한 충분한 가치를 지녔다고 믿는다. 때로 고혹적인 아름다운 육체가 사회 계급 관계를 뛰어넘는 강한 영향력을 발휘하기 때문이다. 그래서 사람들은 실력이나 내면의 미보다는 외모에 더 관심을 갖고 투자를 한다. 사실상 약간의 돈만 있으면 단시간에 큰 투자 효과를 볼 수 있는 것이 바로 성형수술이다. 성형수술은 경제 분야의 투자보다 확실한 투자 효과를 보장해 주는 문화 투자처럼 여겨진다.

한편, 사회 계급에 따라 몸을 취급하는 의식과 태도가 다르고 몸에 투자하는 방식이 다르다. 몸을 통해서 계급의 구별 현상이 나타나는 것이다. 육체 노동을 하는 노동 계급은 살찌고 기름진 음식을 좋아하지만, 조깅·헬스 등 몸매 관리에 시간과 자본을 투자할 여유가 없다. 그리고 질병에 걸릴 확률도 높다. 이들에 비해 상류층과 중상층 계급은 시간과 자본 투자에 있어서 여유가 있다. 그리고 그들은 자신의 몸에 신경을 쓰고 투자하며 관리할 수 있는 몸에 대한 지배 의식을 갖고 있다. 이것이 다른 서민 계층의 의식과는 구별되는 의식이자 태도이다. 이렇게 외모에 대한 의식과 투자는 남과 구별되고 차별되는 사회적 요인으로 작용하고 있다. 계급 차별화를 위해 신체 자본에 투자하는 행위는 19세기 유럽 신사의 경우에서도 찾아볼 수 있다. 그들은 남달리 건강한 몸을 단련하기 위해 체육관에 모여 집단적으로 운동을 하기 시작하였다.

그러면 인간이 몸에 대해 지대한 관심을 보이는 이유는 단지 계급 차별화를 위한 자본으로서의 육체 투자와 몸의 상품화를 위한 까닭인가? 육체 자본은 그렇게 가치가 높고 영향력이 있는 자본일까? 아름다운 외모 관리를 위해 턱을 깎고 살을 빼는 행위는 자본주의 사회의 타락의 일면일까? 특히 여성의 몸에 대한 몰두와 관리는 단지 남성들의 시선과 욕망에 부응하기 위한 행위일까?

사실상 신체 자본은 경제 자본처럼 견고하지도 못하고 유동성도 없는 자본이다. 신체 자본은 노화에 따라 그 가치가 현저하게 떨어지기 때문이다. 노화가 신체 자본을 평가 절하하니까 사람들의 노화에 대한 거부감은 당연한 것이다. 이렇게 신체 자본은 시간이 흘러감에 따라 매우 취약하고 투자의 위험성이 높은 자본이다. 그럼에도 남녀 모두 아름다운 외모를 갖기 위한 몸에 관심을 갖고 투자를 하는 이유는 무엇일까. 그것은 경제 자본화할 수 있는 신체 자본의 축적 때문만은 아니다. 이미 위에서 설명한 바와 같이 자기애에 비롯한 자기 실현 욕구 및 자기 만족 때문이기도 하다.

한편 이같은 현대인의 몸에 대한 관심과 신체 표현을 그리 긍정적으로만 평가할 수 없다. 현대인의 잠재 의식에는 건강하고 아름답고 섹시한 몸에 대한 열망과 콤플렉스가 있다. 몸에 대한 열망 속에서 광대뼈와 비만은 혐오의 대상이 되고, 쌍꺼풀과 오똑 선 코는 선망의 대상이, 그리고 길게 뻗은 롱다리는 한없는 부러움의 대상이 된다. 적당히 크고 볼록한 유방과 선탠으로 가꾼 구릿빛 피부는 섹시함의 상징이 되기도 한다. 그리고 통굽구두, 하이힐 등 키높이 구두는 여성에게 여전히 인기가 있다.

그런데 현대인의 지나친 몸에 대한 관심과 투자는 결국 외모 콤플렉스를 유발시키며, 이는 자본과 성의 노예 상태를 의미할 수 있다. 얼굴과 몸의 외모에 대한 콤플렉스는 건강한 나르시시즘을 파괴한다. 현대인은 자신의 화장하지 않은 얼굴, 돈들여 가꾸지 않은 얼굴, 섹스 어필하지 않는 몸에 대해 더 이상 자기 연민의 나르시시즘에 빠지지 않는다. 현대인은 텔레비전 · 영화 · 잡지 · 인터넷 · 광고 등 대중매체에 나타나는 잘 가꾸어진 얼굴과 몸을 보고 한없는 자기 불신과 자아혐오증에 빠질 수 있다. 남녀노소 모두 얼굴과 몸가꾸기에 몰두하고 예쁘고 날씬해야 한다는 강박관념에 사로잡혀 있다. 화장은 더욱 진해지고 성형수술과 운동, 다이어트 등 몸 관리라는 미명하에 몸에 대한 폭력이 심화되고 있다. 어쩌면 현대인은 자신의 순수한 몸 속에서 자아를 찾는 것이 아니라 뷰티 산업과 섹스 산업에 의해 조형된 몸에서 자아의 환상을 찾으려 하는지 모른다. 특히 여성에게는 출신 성분·직업·연령·학력보다 아름다운 외모와 성적 매력이 가장 가치 있는 것으로 여겨지고 있다. 그래서 아줌마도 미시족으로 불리도록 자신의 몸매 관리를 해야 한다. 그렇지 못하면 여자로서의 '생명'은 끝장난 것으로 취급당한다는 심한 스트레스에 시달린다. 이처럼 여성이 비교적 외모 콤플렉스를 더 많이 느끼고 있다면 이는 가부장적 남성 이데올로기에 의해 조종당한 불행한 결과일 것이다.

그러나 몸에 대한 서구적이고 남성적인 시선이 여성의 시선과 동일시되어 여자들 스스로가 아름다운 몸의 기준에 자발적으로 따르는 점도 있다. 쉽게 말해서 예쁘고 날씬한 몸매는 사회가 원하는 동시에 자신이 원하기 때문이다. 일부 페미니즘의 주장대로 모든 여성이 남성적·서구적 시선에 종속되어 자신의 몸을 순응적이고 상품화된 몸으로 만드는 것이 아니다. 이제 여성들도 확신을 갖고 주체적으로 자신의 몸을 관리하고 통제하고 있다. 몸은 건강과 미에 대한 자기 만족 이외에 자기 실현을 위한 하나의 자본으로 인식되고 있기 때문이다. 신체의 아름다움은 하나의 가치이며 자본이다. 그리하여 여성은 성형과 식이요법, 운동 등 투자와 의지 등 엄격한 자기 규율의 인내심으로 아름다운 몸을 가꾸려고 노력하는 것이다.

한편 사람들이 다이어트와 성형수술을 하면서도 외모 콤플렉스에서 벗어나지 못하는 것은 그들이 생각하는 이상적 신체모델이 있기 때문이다. 실제로 자로 잰 듯이 이상적으로 분할된 얼굴과 몸매를 가진 사람은 극소수이다. 그래서 대부분의 사람들은 수술을 해서라도 이상형에 도달하려고 한다. 계란형 얼굴의 미모와 강건하고 잘 다듬어진 완벽한 신체는 모든 사람들의 선망의 대상이다. 그리고 그 이상형은 서구적인 미인 얼굴형과 육체로 획일화되어 가는 경향이 있지만, 이를 닮고 싶은 대중의 욕망은 패션, 여성 잡지와 광고·영화·드라마 등 영상대중매체에 의해 더욱더 자극되고 부풀려진다. 대중매체는 외모의 사회적 가치와 상품적 가치를 강조하고 그 정당성과 효용성을 부풀린다.

이러한 현상은 자본주의 사회에서 불가피한 문화적 단면이다. 자본주의 시장경제는 모든 것을 등급화하고 가치와 가격을 매겨 상품화하여 교환하는 자본의 논리 위에 기반하고 있다. 호모 카피탈리스티쿠스(Homo Capitalisticus)는 인간의 육체를 정신에서 해방시키는 듯했으나 곧 육체와 성마저 자본화하였다. 이제 몸은 부와 학력과 같이 하나의 자본, 즉 문화 자본이 되었다. 아름다운 외모는 개인의 자질과 능력만큼이나 하나의 중요한 개인적 자산으로 인식된다. 대부분의 사람들은 아름다운 얼굴과 섹시한 몸은 육적 욕망 충족과 함께 돈·권력과 맞바꿀 수 있는 하나의 자본이자 사회적 성공을 약속하는 훌륭한 수단이라고 생각한다. 타고난 좋은 머리로 출세하는 것이나 잘난 얼굴과 몸매를 이용하여 출세하는 것, 둘 다 잘난 신체의 일부를 시장에 파는 것임에는 다를 바 없다는 식이다. 그리하여 오늘날 많은 사람들이 시장에 자신의 몸을 자발적으로 팔고 있는 것이다.

오늘날 몸값이 비싼 사람들이 많다. 아름다운 외모를 가진 모델, 연예인, 강인한 체력을 가진 프로 운동선수들이다. 이들은 재능도 뛰어나지만 몸이 매우 중요한 자산이다. 그런데 이런 특수한 직업인 말고, 일반 사람들에게도 몸은 중요하게 인식되고 자산적 가치가 있다. 사람의 몸에 상품적 가치를 매기고 돈으로 환산하려는 태도가 비인간적이고 물신주의적일 수 있다. 그러나 자본주의 사회에서는 인간의 몸도 노동력의 매매 경우처럼 교환가치를 지닌다. 그리고 몸은 하나의 자원으로서 사회적 힘이나 사회적 불평등의 요인이 된다. 그래서 오늘날 많은 사람들이 자기 몸의 가치를 높이기 위해 몸을 가꾸고 외모를 관리하는 데에 시간과 금전의 투자를 아끼지 않고 있는 것이다.

IV
동거, 결혼, 이혼, 독신

1 대안으로서의 동거 문화

우리 사회에서 어느덧 혼전 성교의 문제가 혼전 동거의 문제로 넘어가 새로운 사회 문제로 부상하고 있다. 동거를 예찬하는 드라마 〈옥탑방 고양이〉가 최고의 인기리에 방영되었고, 가요 · 영화 등이 나오고 동거를 알선하는 인터넷 사이트가 폭발적 인기를 누리자, 동거 문제가 뜨거운 사회적 이슈로 떠오르고 있는 것이다. 동거는 법적으로 혼인 관계가 아닌 남녀가 한집에 같이 자고 사는 것을 말한다. 물론 이런 동거가 우리 사회에서 보이는 전혀 새로운 현상은 아니다. 부모의 결혼 반대나 경제적 이유로 인해 결혼을 유보한 전통적인 동거 형태는 오래전부터 있었다. 그러나 요즈음 문제가 되고 있는 것은 새로운 동기를 가진 동거 형태의 증가이다. 이러한 동거는 성 개방 풍조, 선택적 결혼관, 전통적 가족질서의 붕괴, 사생활이 보장되는 주거 환경의 변화 가운데, 일부 젊은이들 사이에 급속도로 퍼져나갔다. 우리 사회에서 이러한 동거 현상은 대체로 1990년대초부터 대학가를 중심으로 주로 신세대 젊은이들 사이에 목격된 바 있다. 외국에선 이런 동거 문화가 보편화되었다.

프랑스의 한 텔레비전 퀴즈 프로그램을 보다가 조금 놀란 일이 있다. 이 프로그램은 쌍쌍 퀴즈 프로그램으로 부부·연인·남매 등 커플들이 출연하는데, 처음에 진행자가 출연자들의 가족 관계 등을 간단히 묻는 대목이 있었다. 진행자는 한 커플에게 이름과 사는 곳을 물어본 다음, 둘 사이의 관계를 물었다. 그 커플은 코펭(남자친구), 코핀(여자친구)이며 동거하고 있다고 대답했다. 이어 사회자가 커플에게 슬하에 몇 명의 자녀를 두었느냐고 질문했다. 그 커플은 세 명이라고 대답했다. 서로 웃어가면서 이같은 대화들이 자연스럽게 오고갈 정도로 프랑스에는 혼전 동거가 보편화되었고, 사회가 이를 인정하는 동거 천국이다. 프랑스뿐만 아니라 독일 등 유럽 국가들이나 미국에서 흔히 볼 수 있는 동거 커플들은 배우자를 완전히 파악할 때까지 결혼을 유예하면서 실험 동거를 하거나, 아예 결혼의 필요성을 못느껴 결혼제도 자체를 배격하는 결혼무용론자들이다.

프랑스의 경우, 혼전 동거를 하고 있는 사람들이 전체 인구의 10퍼센트를 훨씬 넘고, 혼전 동거 경험이 있는 커플은 전체 결혼 커플 중 90퍼센트에 달한다고 한다. 독일에서는 약 6백만 명의 동거 커플이 있으며, 프랑스와 마찬가지로 90퍼센트 정도가 혼전 동거를 거친 부부라고 한다. 미국에서도 결혼율은 50퍼센트 미만으로 떨어지고 동거와 독신 형태가 늘고 있는데 4백만 쌍 이상이 동거중이라고 한다. 우리나라의 경우 혼전 동거 인구가 제대로 파악되지 않고 있다. 다만 혼전 동거에 대한 긍정적 인식이 증가하고, 동거 사이트에 많은 회원들이 가입하고 있는 것으로 미루어 보아 동거 문화가 결혼의 전 단계 혹은 대안으로서 우리 사회에 점차 확산되어 가고 있다는 것을 추측할 수 있다.

1999년 '사랑의 전화'는 남녀 네티즌 1천1백4명을 대상으로 '혼전 동거에 관한 의식 조사'를 실시한 결과 응답자의 54.9퍼센트가 동거에 찬성한 것으로 드러났고, 반대 의견은 41.7퍼센트이었다. 한국대학신문이 2002년 9월 서울대와 연세대, 고려대 등 전국 19개 대학 9백61명의 학생을 대상으로 조사한 대학생 성 의식 조사에서도, 동거가 '상황에 따라 가능'(53.9퍼센트)하거나 '찬성한다'(8.0퍼센트)는 긍정적 의견이 '반대한다'(38.1퍼센트)는 의견에 비해 많았다. 혼전 동거에 찬성한 사람들은 그 이유를 우선 '신중한 결정을 위해서,' 그리고 '결혼보다 자유로운 생활'임을 밝혔다. 적잖은 사람들이 그 나름대로 합리적인 이유를 갖고 동거에 관심을 갖고 있는 것이 현실이다.

요즈음의 동거는 결혼의 예비 단계로서 살아 보고 결혼하자는 것도 있지만, 아예 결혼 따위의 제도를 부정하거나 배제하고 자유로운 남녀 관계를 즐기기 위한 결합 형태도 있다. 여기서는 우선 현재 우리가 당면해 있고 진지하게 논의할 만한 가치가 있는 전자의 경우에 대해서만 얘기를 해 보고자 한다. 전자의 경우는 일종의 자유 계약결혼의 형태라고 할 수 있을 것 같다. 평생을 함께 살 만한 동반자가 될 수 있는지 아닌지를 1,2년 같이 시험적으로 살아 본 다음에 결정한다는 것이다. 사실 평생을 함께 살 수 있는 사람인지 아닌지를 일단 결혼을 한 다음부터 알게 되어야 한다는 것은 뭔지 어리석고 비합리적인 것 같다. 하다 못해 물건 하나를 구매해도 질을 따지고 비교해 보고 사고, 잘못 산 경우 물리기도 하는데, 평생을 함께 살 사람을 살아 보지도 않고 선택한다면 이는 결코 신중하고 합리적 선택은 아닌 것 같다. 결혼은 해도 후회하고 안 해도 후해하니 일단 해 보자는 모험이나 도박이 아닌 이상, 배우자의 인격 · 개성 · 생활 습관 등을 충분히 알지 못한 채 평생을 약속하는 것은 비합리적이다. 사실상 혼전 동거는 평생의 반려자를 찾는 신중하고도 합리적인 판단과 결정을 할 수 있는 좋은 계기가 될 수 있다. 그래서 대학가 주변의 신세대 젊은이들뿐만 아니라 독신자 · 이혼자들 사이에서도 동거는 확산되어 가고 있다. 이들은 결혼 부담 없이 연인 관계로서 자유로운 결합을 원하기도 하지만, 대부분 결혼을 전제로 한 상대방 알기의 단계로서의 결합을 원하고 있다.

또한 동거 문화가 우리 사회에서 가능하게 된 이유는 무엇보다도 혼전 순결의 의미가 많이 상실되고, 성관계를 반드시 결혼과 연관지을 필요가 없다는 생각이 널리 퍼졌기 때문이다. 즉 파트너를 선택하여 성관계를 맺는 일은 가족이나 국가의 인가를 받을 필요가 없다고 생각하는 자유주의적 개인주의가 퍼져 있기 때문이다. 동거의 좋은 점은 결합에 따른 번거로운 법적 절차나 구속력 없이 서로의 합의 하에 남녀 모두가 평등하고 자유롭게 살면서 서로를 파악할 수 있는 점이다. 혼전 동거에 찬성하는 사람들 중에 여성의 비율이 높은 것은, 평등한 관계에서 협약을 통해 동거하는 여성의 행동과 지위가 기혼녀보다 훨씬 자유롭고 평등하기 때문일 것이다. 즉 여성이 결혼 배우자의 가부장적 권위에 눌리거나 배우자 가족들과 복잡한 관계에도 속박 당할 필요 없이, 둘만의 자유롭고 독립적인 관계를 유지할 수 있다는 것이다.

이제 동거는 전통적인 결혼과 가부장적 가족제도의 경직성을 거부하고 이를 보완하거나 전면 부정하는 일종의 대안 문화로서 자리잡고 있는 듯하다. 우리 사회에서 적지않은 사람들이 동거에 지대한 관심을 보이고, 이를 실제 행동에 옮기는 이들이 증가하고 있다. 이런 분위기에 편승하여 요즘 인터넷에서도 만남과 동거를 주선하는 사이트가 꼬리를 물고 생겨나고 있고, 회원 가입자 수도 증가하고 있다고 한다.

확실히 동거는 결혼 생활이 주는 부담과 책임으로부터 좀 자유로워지고 싶고, 결혼의 예비 단계로서 서로가 서로를 미리 파악함으로써 결혼 생활의 실패율을 줄이는 합리적 선택일 수 있다. 그러나 우리나라에서는 아직 동거를 성적 방탕함의 표시로 보는 부정적인 시각이 지배적이다. 동거에 부정적인 사람들의 눈에는 동거가 단지 파트너를 쉽게 갈아치우며 이기주의와 쾌락주의를 추구하는 프리섹스주의자들의 미숙한 행태로만 보여지는 것이다. 실제로 동거는 매우 현실적인 욕구와 경제적 동기에 의해 이루어지기도 한다. 동거를 성 욕구의 발산 수단으로 이용하는 사람들도 있다. 이들은 동거자를 섹스파트너라고 인식하고 잠시 동안 부담 없이 즐기며 사는 것을 원한다. 그리고 섹스 문제를 해결하면서 주거 비용을 최소화하거나 비용을 들이지 않고 사는 원조교제 성격의 동거도 있다.

　이처럼 동거의 장단점에도 불구하고 앞으로 동거 문화는 확산될 전망이다. 이제 동거는 편부모 가족이나 독신 가족 등과 함께 다양한 가족 형태의 하나로 받아들여지고, 어느 정도 보편화되어 가고 있는 세계적 현상이다. 따라서 혼전 동거를 기존의 결혼과 가족제도로부터의 일탈이 아니라, 그 제도적 구속에서 벗어나 그 한계를 보완하는 새로운 가족 제도로서 보는 유연한 자세가 필요한 것 같다. 동거의 장점을 살리는 방향에서 동거 문화를 사회적으로 지원할 필요가 있다. 즉 동거 커플은 법적으로 인정받지 못해 자녀의 호적 문제, 의료보험, 주택 마련, 세금 공제 등에서 사회적 불이익을 당하고 있다. 프랑스·독일 등 기타 유럽 국가들은 거의 다 혼전 동거를 사회적으로 인정하고, 결혼 부부와 똑같은 법적·제도적 혜택을 주고 있다. 변화하고 있는 결혼과 가족제도에 대한 보다 탄력적인 시선과 정책이 요구된다.

2 동거에서 계약결혼으로

우리 사회에서 결혼의 전 단계 혹은 대안으로서 동거 문화와 함께 계약결혼이 확산되어 갈 전망이다. 계약결혼은 동거의 단점을 보완하면서 그보다는 좀더 구속력을 갖는 결혼의 형태이다. 이것은 우리 사회에 동거의 부정적 효과나 이혼율의 급증에 따른 새로운 결혼 풍습이라고 볼 수 있다. 계약결혼은 동거 및 결혼의 모순과 이혼의 부작용을 줄여 보기 위한 대안으로 자리잡고 있다.

사람들이 이러한 대안적 결혼 형태에 관심을 갖는 이유는 그 나름대로 합리적인 이유가 있기 때문이다. 어떤 영화에서는 결혼은 '미친 짓'이라는 평가를 받기도 했다. 그렇다고 영화처럼 기존의 결혼제도를 받아들이면서 이중적이고 모순적인 결혼 생활을 하는 것도 바람직하지 못하다. 따라서 동거의 무책임성과 편의주의, 그리고 결혼의 비합리성과 부작용을 줄이기 위한 절충적이고 합리적인 대안으로서 계약결혼이 필요하게 된 것이다.

혹자는 계약결혼이란 말에 불쾌함을 느낄 수 있다. 사랑하는 사이에 무슨 계약이 필요한가라고 반문할 수 있다. 그러나 따지고 보면 결혼도 일종의 계약인 것임에는 틀림없다. 결혼은 부부가 서로 사랑하며 함께 살겠다고 결혼식과 혼인신고라는 법적인 절차를 통한 사회적 계약인 것이다. 다만 이 결혼계약에는 계약서가 없다는 것이 일반 상업적 계약과 다르고 특이한 점이다. 인생의 행복과 불행을 좌지우지하고 재산 소유 관계 등이 얽힌 가장 중요한 계약임에도 불구하고 결혼 계약서가 없다는 말이다. 이것은 단지 사랑하니까 결혼하는 것이고 그 결혼 생활은 갈등 없이 영원히 지속될 것임을 전제했기 때문이다. 그러나 실제 결혼 생활이나 이혼 과정에 있어서 부부는 많은 갈등과 이해 관계에 의해 고통받고 있다. 계약결혼이란 다름이 아니라 이러한 점을 미리 예방하고 해결하기 위한 방법으로서 결혼 계약서를 작성하는 것이다.

이제는 부부가 사랑하는데 무슨 계약서가 필요한가라는 생각에서 사랑하기 때문에 계약서가 필요하다는 인식이 점차 공유되어가고 있다. 계약결혼이란 현행 결혼제도의 단점을 보완하는 것으로서 현존하는 부부 재산등기제보다 포괄적인 계약서에 의한 합의 결혼을 말한다. 부부재산 등기제는 이혼시 분쟁의 소지가 있는 재산권 부문에 대한 사전 합의서인데, 결혼 계약서는 재산뿐만 아니라 결혼 생활의 의무나 이혼 조건 등을 상세히 정하여 공증받는 합의서이다. 사실상 이혼시 분쟁과 상처를 최소화하기 위한 합의는 서로 사랑할 때만이 할 수 있는 것이다.

결혼 계약서에는 일반적으로 나타나는 특징들이 있다. 철저한 독립주의·개인주의·양성평등주의·이혼 유책주의 등이다. 구체적인 내용은 다음과 같다. 맞벌이를 할 경우 독립채산제로 부부는 각기 철저하게 재산을 분리 관리하되, 부동산·거주비·생활비 등의 몇 개 항목에서는 공동 지출을 한다. 요리·육아·청소 등 가사 노동은 공평하게 분담하고, 부부 관계는 서로 동의할 때만 하기로 한다. 그리고 배우자의 직업을 포함하여 취미·관심 분야 등 사적인 영역을 존중하며 개인 생활의 간섭을 배제한다. 부부간의 사랑을 돈독하게 하기 위해 정기적인 여행과 외식을 한다. 양가 부모에게는 똑같이 대접한다. 이상 각각의 항목에 대해 위반시 소정의 위약금을 물도록 되어 있다. 이혼 사유와 조건도 명시하여 간단하게 처리한다. 이혼시 자기 재산은 자기가 가져가되, 공동명의로 한 재산은 반반씩 나누어 갖는다. 단 유책주의로 이혼의 책임이 있는 자는 상대방에게 더 많은 위자료를 주어야 한다.

결혼의 단점과 이혼의 부작용을 최소하기 위한 사회적 노력은 계속되고 있다. 그러나 인간의 감정은 계약서와 위약금의 형식으로 완전히 묶어 놓을 수는 없을 것이다. 단지 이러한 계약 형식을 통해 좀더 책임 있는 결혼 생활을 하게 되며, 서로의 사랑 감정을 확인할 필요는 있다. 결혼 전과 결혼 후의 생활이 달라진다면 그 책임은 계약 당사자 서로가 짊어져야 할 몫이다.

3 사랑은 움직이는 것

"내가 니꺼야…? 사랑은 움직이는 거야." 한때 유행했던 이 광고 카피 하나가 어쩌면 급변하고 있는 오늘날 젊은 세대의 사랑 방정식을 푸는 힌트가 될는지 모른다. 이 광고 메시지는 사랑은 어느 누가 상대방을 점유하는 소유의 대상이 아니고, 변하지 않는 그 어떤 절대적인 것도 아니라는 것이다. 또한 이 메시지는 가부장제적 사회에서 남자에 종속된 여자의 존재성에 대한 강한 저항의 표현이기도 하다.

동거 전이든 동거 후이든, 우리는 사랑에 빠질 때 흔히 자신의 모든 것을 다 주고 싶고, 상대방의 모든 것을 다 가지고 싶어진다. 사람들은 자신의 마음과 몸을 다 바쳐서 상대방을 사랑하는 만큼, 상대방의 몸과 마음을 전부 취하기를 원한다. 마치 일종의 계약처럼 상호 교환이 암묵적으로 이루어져서 상대방의 몸과 마음에 대해 배타적인 소유 관계를 설정한다. "난 너만을 사랑할꺼야, 그러니 너도 나만을 사랑해야 돼, 넌 내꺼야, 난 네꺼고." 이런 식으로 상호주의 원칙에 입각하여, 서로의 몸과 마음은 일종의 암묵적인 계약으로 묶이게 되면서 연인들은 행복한 구속 상태에 빠지게 된다.

그러나 시간이 지남에 따라 사랑의 열정은 점차 식어가고, 사랑의 환상에서 벗어나면서 애인의 화려한 이미지가 조금씩 탈색되기 시작한다. 눈에 콩깍지가 벗겨지면서 상대방의 단점도 보이기 시작하고, 갈등과 권태가 싹튼다. 가시적인 갈등이 없어도 애인 이외의 다른 사람의 매력에 이끌릴 수 있다. 이때부터 한 사람만을 좋아하고 사랑해야 한다는 것이 왠지 부담스럽게 느껴진다. 다른 사람을 사랑하기 위해서 반드시 이전 애인은 차버려야 하는 것인지 고민하게 된다. 새로운 사랑의 시작은 기존 사랑의 종말을 의미하고 헤어지는 애인에게 슬픔을 남겨 준다. 이렇게 새로운 사랑은 슬픔과 기쁨의 교차로를 지나곤 한다.

우리에겐 마음이 변해 떠나겠다는 사랑을 붙잡을 권리도

힘도 없다. 한때 내것이었고, 영원히 내 곁에 있겠다던 애인의 지난 맹세를 두고, 배신이라고 비난하고 애인을 원망한들 돌아선 마음을 돌리기는 불가능하다. 사랑의 배신을 용납하지 못하겠다고 치사하게 협박하거나, 이미 떠나 버린 사랑을 돌이켜 보려고 구차하게 애원하는 것도 소용없다. 차라리 사랑을 변하지 않고 영원히 소유할 수 있는 것이라는 사랑 이데올로기를 믿었던 자신의 어리석음을 뒤늦게나마 깨닫는 것이 불행 중 다행일지 모른다.

현대의 사랑은 절대적이지 않고, 영원히 소유할 수 있는 대상이 아니다. 그래서 사람들은 결혼과 마찬가지로 연애에서도 사랑을 영원히 배타적으로 독점하려 하고 때로는 독점했다고 생각한다. 사랑은 본질적으로 변할 수 있는 불안정한 것이다. 연인들은 언젠가 사랑이 자기 곁을 떠날 수 있다는 불안감에서 헤어나지 못하고 있다. 그래서 오직 그만을 사랑하겠노라고 맹세한다. 연애 심리의 기저에도 혼인 계약처럼 일부일처제식 사랑법이 존재한다.

우리가 인습적으로 따르고 있는 합법적 사랑은 오직 하나만을 선택해서 맹세를 하고 일종의 계약을 수반하는 결혼 제도 내 사랑이다. 사회는 이런 합법적 사랑에 법률적·사회적 권리와 의무를 부과한다. 사랑이란 친밀한 개인들간의 순수한 감정의 교류 관계에 법과 제도와 도덕이 개입하게 된 것이다. 그리하여 사랑이라는 개인적이고 주관적인 순수한 관계는 사회적이고 객관적인 계약 관계로 전환하게 되었다. 일부일처제적 사랑 때문에 사랑은 존재가 아니라 소유의 대상이 되었다. 연애 과정에서도 사랑은 취하거나 버려야 하는 소유의 대상이고, 배타적인 사랑만이 사회적으로 인정받게 되었다.

계약과 소유에 따른 법적 권리와 의무를 넘어서 유지 가능한 사랑의 방식은 존재할 수 없는가. 개인의 감정과 인격을 존중한다면 어떠한 형태의 순수한 사랑도 허용하고 보호해야 한다. 이제 현대인들은 변하는 사랑의 실체를 인정하면서 사랑의 슬픔을 최소화하는 현대적 사랑 방식을 터득하게 되었다. 사랑은 식거나 깨질 수 있다. 사람들은 종종 이렇게 깨진 사랑을 계약 위반이나 변절 또는 파탄으로 단죄하여, 미워하고 화내거나 슬퍼한다. 그러나 한때 그토록 사랑했던 사람이라면 사랑이 끝나도 우정과 인정을 남겨서 계속적으로 인간 관계를 유지할 수 있을 것이다.

오늘날 순수하고 자유로운 사랑을 방해하는 것은 일부

일처제적 소유 개념과 가부장제적 여성 억압이다. 법과 제도 그리고 도덕은 사랑과 성에 있어서 남녀의 불평등한 조건을 없애는 데에만 개입하는 것이 바람직하다. 사랑이 깨졌을 때 어느 한쪽이 일방적으로 정신적·물질적 손해를 보는 경우는 없어야 하기 때문이다.

4 결혼은 비밀번호를 공유하는 것

누구나 순수하고 아름다운 사랑이 깨지지 않고 오래 지속되길 꿈꾼다. 사람들은 저마다 사랑에 대한 소망과 믿음을 갖고 결혼을 한다. 이렇게 대부분의 연애는 결혼식으로 해피엔딩을 보여 준다. 결혼에 이르기까지 사람들은 마치 드라마나 영화 장면 같은 추억들을 간직하고 있다. 사람들은 그 추억의 이미지들이 행복한 결혼 생활을 약속해 줄 것이라고 믿는다.

오늘날 혼인 문화의 변동은 외부적인 요인보다 내부적인 요인에 더 영향을 받는다. 즉 결혼과 이혼을 둘러싼 도덕·관습·경제력 등과 같은 외부적 통제의 힘은 약화되었고, 개인의 욕구와 감정·자아의식·독립심·자기 결정권 등의 개인적이고 내부적인 요인의 영향력이 커졌다. 이것은 우리의 삶을 과거 외부지향적이고 집단지향주의적인 삶에서 내부지향적이고 개인지향적인 삶으로 변화시키고 있다. 현대인은 형식적이고 이해타산적인 사회 관계에서 자기 내부와의 교감처럼 솔직하고 지속적인 대화를 원하는 인간 관계를 원하고 있다.

연애와 결혼에 있어서도 마찬가지다. 사람들은 결혼의 제도적·형식적 측면이 사랑을 보증하지 못함을 깨닫게 되었다. 즉 결혼은 사랑의 종착지가 아니다. 결혼을 하고 안 하고가 중요한 것이 아니라, 서로 얼마나 알고 깊은 관계를 유지하고 있는가가 중요한 것이다. 그런데 연애 기간중에는 어느 정도 주관적인 기대와 환상으로 그 관계에 대한 확신이 모호하다. 결혼이란 제도는 그런 상태의 확신에 확정의 형식을 부여한다. 그러나 형식은 형식일 따름이다. 개인은 제도의 마법에 잠시 걸려들 뿐이지, 제도가 개인에게 사랑에 대한 진정한 신뢰나 확신을 주는 것이 아님을 얼마 후 깨닫게 된다.

사람들은 개인의 자아 의식이 생기고 결혼제도의 마법에서 풀려날 때 자신의 과거를 되돌아보게 된다. 형식적이고 외부적인 요소만을 중요하게 여기고 내부적 대화와 신뢰 쌓기에 소홀한 자신을 돌이켜보게 된다. 결혼 생활이 순탄하지 못한 원인으로 부부간의 불화가 제일 많이 손꼽히고 있다. 이 불화의 원인은 무엇보다도 부부간의 상호 신뢰가 부족한 것에서 비롯된다. 그러면 신뢰는 어떻게 쌓여지는가. 그것은 커플이 함께 공유하는 것들이 많아지는 만큼 쌓여진다. 둘만의 은밀한 것, 비밀까지도 서로 알게 될 때 신뢰는 더욱더 두터워지는 것이다.

드라마 〈겨울연가〉와 〈천국의 계단〉에서 젊은 남녀가 기억상실증으로부터 과거의 기억을 되살리려고 노력을 하는 것도 결국 둘만의 추억과 비밀을 되찾으려는 과정이다. 둘만이 대화하고 공유하는 비밀의 양만큼 신뢰가 쌓여지는 것이다. 사회학자 아네트 로손은 불륜을 저지른 배우자에게 상대 배우자가 화내는 이유가 단순한 육체적인 관계 때문이 아니라는 것을 밝혀냈다. 화난 배우자는 불륜을 둘이 함께 간직했던 친밀감과 둘만의 비밀이 다른 사람에게 유출되는 사건으로 생각하고 이에 대한 노여움을 참지 못하는 것이다. 오늘날 친밀감 없는 단순한 육체적 욕구에 의한 외도는 배우자에게 그리 심각하게 여겨지지 않는 이유도 바로 이 때문이다.

　요컨대 사람들은 비밀을 나누는 친밀감이 가장 중요한 유대와 신뢰의 기초라고 생각한다. 그래서 요즘 젊은 커플들은 서로의 카드·이메일·음성사서함 등의 비밀번호를 교환하는 행위를 신뢰쌓기의 방법으로 채택하고 있다. 이렇게 신뢰는 커플 서로가 마음을 터놓고 함께 공유하고 있는 느낌·생각·행위 등에 대한 이해에서 쌓여지는 법이다. 따라서 커플 사이의 불화는 외부 요소에 의해 갑작스럽게 생긴 것이라기보다, 이미 둘 사이에서 비밀의 공유가 제대로 안 되어 마음이 닫혀지고 신뢰가 점차 줄어든 결과이다.

　이처럼 오늘날 연애와 결혼 생활에 있어서 가장 중요한 것으로 떠오른 것이 친밀감과 신뢰쌓기다. 이것보다 더 중요한 것은 없다. 요즘 사람들은 연상 연하의 나이 차이도 별로 중요하지 않게 여긴다. 이혼과 재혼 여부도 심각하게 받아들이지 않는다. 더욱이 처녀성의 여부를 따지는 것은 시대착오적인 발상이다. 어떤 이들에게 섹스는 엔조이의 수단이거나 가벼운 스포츠일 뿐이다. 오늘날의 결혼과 이혼 문화는 점차 개인지향적이고 내부지향적으로 변화해 간다. 이제 제도는 너무 형식적이고 낡았다. 그리고 육체적 쾌락은 너무나 순간적이다. 사람들은 인간적인 친밀감과 신뢰가 바탕이 된 지속적인 사랑을 그리워하고 있고, 실제로 우리의 성문화와 결혼 문화는 그런 방향으로 변화하고 있다.

5 이혼도 행복의 길

　동창 모임에서 옛 친구들의 소식을 주고받던 중 이혼한 친구 얘기가 나오면 이구동성으로 그에게 동정을 보낸다. 당사자는 오죽하면 이혼을 하게 되었을까. 그것이 그가 선택한 최선의 결정이고 방법이었다면 오히려 잘된 일인지 모른다. 이혼은 결혼처럼 축하해 줄 일이 못된다 하더라도, 적어도 이혼에 대한 부정적이고 동정적 시각은 불필요할지 모른다.

　사람은 서로 만나고 좋아하다가 싫어질 수 있다. 헤어지는 이유도 여러 가지가 있다. 결혼이 중대한 일이라지만 막상 상대방을 잘 파악하지도 못하고 혼사를 치르는 경우도 있고, 결혼 후 자신의 본색을 드러내는 사람들도 많다. 연애와 결혼 생활이 구별되면서 부부간 성격 부조화를 깨닫게 되는 경우도 많다. 그리고 배우자의 부정행위나 친인척 관계의 부적응 때문에 이혼을 결심하게 되는 경우도 적지 않다.

결혼 생활에 대한 기대와 환상이 깨질 때 불행하게도 더 이상 사랑은 리콜되지 않는다. 그리하여 마침내 결별하게 되는 커플들이 자꾸만 늘어나고 있다. 이혼율이 증가함에 따라 이혼도 결혼만큼 보편화되어 가는 듯하다. 그런데 그 결별은 머지 않아 새로운 만남을 예고하고 또 믿음과 환상을 키우며 해피엔딩을 연출한다.

우리 사회에서 이혼율은 해마다 급증하여 통계청 자료에 의하면 2001년 하루 평균 3백70쌍이 이혼을 했다고 한다. 세 쌍의 결혼 커플 가운데 한 쌍이 이혼하는 비율이다. 또한 조혼보다 만혼이 증가하고 있는 추세이고, 동갑내기와의 결혼, 연상의 여인과의 결혼 및 이혼녀의 재혼 비율이 높아지고 있다. 또한 일반적으로 이혼율이 가장 높은 연령층은 남녀 모두 30대 중반부터 40대 초반이지만, 20년 이상 함께 산 부부의 황혼 이혼도 매년 지속적으로 늘어나고 있다.

이같이 이혼이 증가하는 원인과 그 양상을 어떻게 봐야 할까. 이러한 부부 갈등과 가족 해체의 요인은 극심한 이기주의의 확산 때문이라기보다, 자아를 찾고자 하는 진정한 개인주의적 가치관 때문일 것이다. 그리고 부부가 헤어지고 가정이 깨지면 개인은 불행해지는 것일까. 그렇다면 이혼은 가족과 사회에 위협적인 것이어서 막아야 하는 현상인가, 아니면 개인의 자유와 행복을 위해 불가피하고 사회적 관대함을 필요로 하는 현상일까.

　2003년 〈한겨레 21〉과 명필름의 부부 생활 조사에 의하면, 배우자가 외도를 했을 경우 반드시 이혼하겠다는 비율은 남성 29.9퍼센트, 여성 35.4퍼센트였다. 많은 커플들이 결혼 생활이 불행해도 이혼에 대한 부정적 시각과 부정적 결과 때문에 이혼을 주저하고 있는 것으로 보여진다. 이처럼 우리 사회에는 이혼을 인생의 큰 실패로 여기고 이를 두려워하며 수치스럽게 느끼는 사람들이 적지않다. 이것은 우리 사회에 이혼에 대한 사회적 편견과 차별이 있기 때문이다. 만약 이혼에 대한 이런 부정적인 생각만 사라진다면 얼마나 더 많은 사람들이 이혼을 결심하게 될지 모른다.

결혼도 조건에 의해 이루어지는 것처럼 이혼도 조건에 의해 이루어진다. 그러나 문제는 사람들이 결혼의 조건보다 이혼의 조건으로부터 자유롭지 못하다는 것이다. 말하자면 이혼은 결혼보다 상대적으로 힘들고, 계약 내용에 있어서 복잡하고 갈등의 소지가 많다는 것이다. 문제는 결혼이 배우자간의 사랑의 믿음이자 법적인 계약이면서 정작 그 내용은 허술하기 짝이 없다는 것이다. 결혼만 하면 오로지 사랑의 힘으로 모든 것이 잘 해결되리라는 식이다. 그렇게 사랑의 힘만을 믿는다면 그냥 둘이서 약속하고 살면 그만이지, 왜 그렇게 많은 사람들과 법 앞에 서서 선서를 해야 하는가. 그런데 그렇게 좋아서 결혼한 사람들도 이런저런 이유로 헤어질 것을 생각하게 되면 생각이 달라지는 경우가 많다. 이혼을 목전에 둔 많은 부부들은 헤어짐의 조건들을 따지게 된다. 즉 재산 분배와 자녀 양육 등 여러 가지 문제들을 놓고 이해득실을 따진다. 여기에 미움과 질시의 좋지 않은 감정이 개입하게 되면 이혼 과정은 치사한 싸움으로 발전하곤 한다. 그래서 부부가 헤어지면서 법정에까지 서게 되는 것이다. 또한 이혼 후에도 자서전적 소설로서 전 배우자인 재벌 회장을 비난하던 한 연예인의 경우는 좋지 않은 결별의 모습이라고 볼 수 있다.

사람들은 만남과 결혼을 소중한 인연으로 여기고 이에 대한 온갖 예찬을 아끼지 않는다. 반면에 이별과 이혼은 생각하기조차 나쁜 것으로 여기고 이에 대한 준비를 하지 않는다. 결혼이 하나의 조건에 대한 계약이라면 이혼도 마찬가지다. 따라서 이혼에 대비한 계약 내용이 있어야 한다. 한창 사랑에 빠졌을 때에는 이혼을 상상한다는 것조차 자신의 사랑에 대한 모독이라고 생각할 수 있다. 그러나 서로 사랑할수록 상대방을 배려하는 이혼 조건을 미리 명시하는 것이 바람직하다.

오늘날 우리 사회에 이혼율이 증가하는 이유는 개인의 행복권을 추구하는 자유주의적·개인주의적 가치관이 널리 퍼져 있기 때문이다. 이제 사람들은 가족도 나 개인의 존재 이유로부터 출발해야 한다는 근본적인 자각을 하게 되었다. 껍데기만 남은 형식적인 가족을 유지하는 것보다는 나 자신의 진정한 자유와 행복을 추구할 권리를 주장하게 이른 것이다.

혹자는 이렇게 팽배하는 개인주의와 자유주의가 사회의 기본 단위인 가족 구성체의 존재를 파괴하고 사회 존립을 위협하는 독소라고 생각하기도 한다. 그러나 이혼율의 증가와 함께 이혼과 결혼에 대한 기존 관념들이 조금씩 무너지면서 가족과 사회는 또 다른 형태로 발전하고 있다고도 볼 수 있다. 즉 이제는 이혼 커플들이 반목과 질시 속에 헤어지고 원수가 되는 것이 아니라, 친구 또는 의사 가족의 구성원이 되어 가고 있다는 점이다. 즉 사람들은 점차 이해와 합의 가운데 이혼을 하고, 이혼한 후에도 서로 가깝게 지내며 서로 돕는다는 것이다. 이는 법적 부부 중심의 가족보다 현실적 인간 관계를 중시하는 가족 개념의 확대라고 볼 수 있다. 외국에서도 흔히 볼 수 있는 경우이지만, 재혼한 커플이 전부인이나 전남편과 함께 저녁 식사도 하고 자녀들과 함께 논다는 것이다. 이러한 의사가족의 발생은 새로운 인간 관계 및 가족의 확대이고 사회적 연대의 기초 단위로 발전하고 있다.

이혼은 결혼과 마찬가지로 선택이고 계약이다. 일부일처제의 결혼제도를 미화하고 신성시하면서 이혼을 부정적으로 바라보는 시각은 도덕적 편견일 따름이다. 이혼도 다른 모든 계약처럼 계약 해지의 원칙들이 명문화될수록 나중에 당사자들간에 잡음과 갈등의 소지가 적어진다. 그리고 이혼율이 증가하는 것을 단순히 가족 구조의 해체와 사회 불안 요소로 보는 것도 보수 학자들의 편견이다. 이혼은 진정한 행복을 찾고자 하는 개인들의 선택이고, 사회가 이런 선택과 행복 추구권의 분위기를 조성할 때 개인은 행복하고, 사회는 건강해지는 법이다.

한편 이혼을 한다고 반드시 행복해지는 것은 아니다. 이혼을 하고 혼자 살거나 재혼을 한 사람들에게 이혼의 충격과 그 부정적 영향이 남아 있어 이혼 전만큼 고통을 받을 수 있다. 따라서 결혼은 가급적 깨지 말고 유지하는 것이 바람직하다. 그러나 불행한 결혼이 개인에게 주는 피해는 너무 크다. 그래서 개인이 불행한 결혼 생활의 굴레에서 벗어나 행복을 찾도록 선택의 기회를 한번 더 주는 것이 바람직하다. 이런 이유에서 이혼과 재혼을 개인이 선택하는 또 하나의 최선의 방법으로서 이해하는 사회적 분위기가 필요하다.

우리 사회에는 아직도 이혼에 대한 알레르기적 반응이 있다. 그것은 가족중심주의적 사고에 기인한다. 사실상 우리 사회의 가족은 부부중심주의라기보다 자녀를 중심으로 한 가족주의에 기반하고 있다. 즉 부부간의 애정보다 자녀의 양육을 더 중요하게 생각한다는 말이다. 사실상 각자 방을 따로 쓰면서 자녀 때문에 헤어지지 못하는 애정 없는 부부가 상당히 많다고 한다. 커플 중심의 애정을 가장 중요하게 여기는 외국인들은 한국인들의 이런 가족관을 이해하기 힘들 것이다. 그런데 우리의 이런 가족중심주의는 '수신제가 치국평천하'라는 동양윤리에서도 강조되고 있다. 이혼한 사람들은 가족을 잘 다스리지 못한 능력 없는 사람이고, 그 자녀들은 문제 가정의 문제아로 인식되고 사회적으로 부당한 대우를 받는 것은 바로 이런 동양윤리 때문일 것이다.

이처럼 우리 사회에는 이혼에 대한 부정적 시각이 존재한다. 이혼이 당사자와 자녀에게 부정적 영향을 끼치기 때문인 것이다. 물론 당사자와 자녀에게 이혼의 충격과 영향은 크다. 그러나 그것은 이혼에 대한 부정적 시각과 사회적 편견에 의해 과장되고 왜곡된 것이 많다. 가정 파탄, 자녀 비행, 복수와 살인, 방황과 자살 등이 이혼 뒤에 따르는 표상처럼 인식되곤 한다. 예를 들어 이혼을 소재로 문학 작품에서는 이혼 가정의 파경과 가족 및 사회에 대한 부정적 영향에 대한 묘사가 많이 나타난다. 그리하여 이혼은 나쁜 것이라는 부정적 인식을 남긴다. 보통 사람들뿐만 아니라 작가들도 이를 사회 통념처럼 받아들이고 있다. 그러나 실제로는 이혼의 부정적 영향은 상당 정도 사회적 편견과 과장에 의해 왜곡된 것이다.

바넷과 그루엔은 1858-1937년 사이에 발표된 이혼에 관한 미국 소설 50편을 분석하였다. 분석 결과, 이들 소설 속에는 이혼을 경계하고 주저하면서 받아들이는 경향과 이를 강력히 반대하는 경향이 혼재되어 있었다. 결혼의 의미도 종교적 신성함과 사회적 관행으로 생각하는 것에서 점차 개인적인 일로 생각하는 것으로 변화하였다. 이혼관이 시대가 흘러감에 따라 변화하고 있음을 보여 준 것이다. 즉 이혼을 비난하고 유감스럽게 생각하는 것에서, 점차 불행한 결혼 생활의 지속보다는 이혼이 바람직하고 이를 받아들이는 사회적 관행으로 변화하고 있었다. 그래도 당시 대부분의 소설들은 결혼과 가족제도에 대한 신념 때문에 이혼의 부정적인 영향을 그리면서 보수적인 태도를 나타냈다. 연구자는 이것이 당시 보통의 미국민의 가치와 태도를 반영한 것이라고 보았다.

그동안 사회에서는 이혼의 부정적인 영향이 강조되고 이

혼의 긍정적 영향은 무시되어 온 경향이 있다. 2001년 미국 여성심리학자인 메이비스 헤스링톤은 1천4백여 이혼 가구에 대한 조사를 하였는데, 그 가운데 75-80퍼센트 가량의 이혼 가정 자녀들이 2년 내에 충격에서 벗어나 정상적인 생활을 영위하고 있다고 밝혔다. 또 이혼한 사람들 중 가정 생활에 불만이 많았던 여성이 남성보다는 충격을 쉽게 극복하는 것으로 나타났다. 그리고 이혼자들의 70퍼센트 이상이 전보다 더 나은 삶을 살고 있다는 생각으로 만족하고 있는 것으로 조사되었다.

이런 결과는 비단 미국에서만 보여지는 것이 아니다. 국내에서도 이와 유사한 결과를 간접적으로 알 수 있는 조사연구가 있다. 한국여성개발원의 장혜경은 재혼 남녀 1백8명을 대상으로 2001년에 실시한 설문조사 결과에서, 배우자와 이혼, 사별한 재혼 남녀의 상당수가 새로운 생활에 만족하고 있음을 알아냈다. 즉 의사소통과 결정, 배우자의 성격, 생활 태도, 성생활, 생활비 및 재산 관리 측면 등 각 항목마다 응답자의 70퍼센트 이상이 원만한 생활을 유지하고 있는 것으로 나타났다.

우리 사회에서 결혼의 신성성과 절대성이 깨진 지 오래

다. 동시에 이혼의 가능성과 필요성은 커져 가고 있다. 검은 머리가 파뿌리 되도록, 마르고 닳도록 사랑하라는 의무만으로 결혼 생활을 지탱하기가 힘들어진 세상이다. 살다 보면 경제적인 이유, 성격 부조화, 불륜 등의 여러 가지 이유로 부부 갈등이 발생한다. 불행한 부부로서 이혼할 가능성이 높은 부부는 부부 상호간 언어적·감정적 의사 표현이 부족하고 상대방을 이해하고 배려하는 자세가 부족하다.

부부의 이혼 예방과 상담을 위해 부부의 심리와 행동을 연구해 온 미네소타대 데이비드 올슨 교수 등은 2002년 2만 쌍의 부부에게 실시한 설문조사에서 행복한 부부와 불행한 부부의 차이점을 다음과 같이 발견하였다. '배우자가 내 이야기를 잘 들어 준다'에 행복한 부부는 83퍼센트가 '그렇다'고 응답했지만 불행한 부부는 18퍼센트만 동의했다. 그리고 행복한 부부 중 78퍼센트는 '배우자가 나의 생각과 견해를 이해한다'(불행한 부부 19퍼센트)고, 또 90퍼센트는 '배우자가 말하는 방식에 매우 만족스럽게 생각한다'(불행한 부부 15퍼센트)고 응답했다. 그리고 행복한 부부 가운데 80퍼센트는 '재정적 결정을 함께 내리는 것이 어렵지 않고'(불행한 부부 32퍼센트), 85퍼센트는 '부부간의 성

관계가 만족스럽다'(불행한 부부 29퍼센트)고 응답했다. 이 조사 결과는 부부간 의사소통과 상호 배려가 행복한 결혼 생활에 있어서 중요한 비중을 차지하고 있음을 보여 주고 있다.

배우자에 만족하지 못하고 불행한 결혼 생활을 영위하는 부부는 이혼할 가능성이 높다. 2001년 국정홍보처가 전국 성인 남녀 4천5백 명을 대상으로 한 한국인의 의식·가치 관 조사에서, 조사 대상자의 절반 이상(55.3퍼센트)이 결혼 생활에 문제가 있다면 서로를 위해 이혼하는 것이 낫다는 생각을 갖고 있으며, 44.2퍼센트는 현재 배우자와 이혼을 고려한 적이 있다고 응답했다. 그리고 응답자의 거의 절반 (47.8퍼센트)은 다시 태어날 경우 현 배우자와 결혼할 의사 가 없다고 밝혔다. 역시 2001년에 실시된 한 인터넷 포털 사이트의 조사에서도, 주부의 절반 이상이 '다시 태어난 다면 지금의 배우자와 결혼하지 않겠다'는 생각을 갖고 있 는 것으로 나타났다. 지금의 배우자와는 다시 결혼하지 않 겠다고 답한 주부는 조사 대상 1천8백57명 가운데 62퍼센 트인 1천1백55명으로, 지금의 배우자를 다시 남편으로 맞 겠다고 대답한 7백2명(38퍼센트)보다 훨씬 많았다.

결혼의 신성성은 깨진 지 오래되었다. 이제 이혼과 재혼에 대한 사회적 편견을 없애고 이혼과 재혼의 정당화 작업에 사회가 노력해야 한다. 즉 이혼자들의 심리적·경제적 불이익에 대한 사회적 지지망을 구축하고 여론을 환기해야 한다.

6 싱글즈의 라이프 스타일

　요즈음 혼자 사는 게 그리 이상하지 않다 싶을 정도로 자못 여유 있는 독신자들이 늘고 있다. 노총각·노처녀들이 오히려 즐거워 보인다. 가정보다 개인의 삶을 중요시하는 독신 생활의 재미가 상당히 있는 모양이다. 인터넷에 들어가 보면 독신자들의 친목 모임 사이트도 상당히 많으며 이야기와 취미 활동 등으로 그들끼리의 만남을 즐기는 것으로 보인다.

　이쯤 되면 우리 사회에서 이렇게 독신 생활을 즐기는 이른바 '싱글즈(싱글족)'나 누에고치처럼 자기 혼자만의 세계에 갇혀 사는 '코쿤족'이 증가하는 이유가 무엇인지 궁금하지 않을 수 없다. 결혼 생활이 지겹거나 고통스런 사람들에겐 싱글족이 한없이 부럽고 그 생활을 동경할 것이다. 사실상 호기심도 나고 여건과 기회만 주어진다면 누구나 한번쯤은 싱글 문화를 즐기고도 싶은 생각이 들 것이다. 〈싱글즈〉란 영화에 동의하지 않는 사람일지라도 한번쯤은 독신 생활을 동경할 때가 있었을 것이다.

사실상 혼자 사는 사람들의 수가 늘어나는 이유는 여러 가지다. 흔히 사별이나 이혼으로 인해 혼자 남게 되는 사람들이 있다. 그리고 원거리 직장 때문에 분가하거나 학교나 직장이 가족의 주거지와 멀리 떨어져 있어서 불가피하게 이산 가족이 되는 비자발적 싱글도 늘어나고 있다. 그러나 무엇보다도 아예 결혼을 하지 않는 비혼족들이 증가하고 있기 때문이다. 비혼 독신자에게는 결혼은 필수가 아니라 선택의 문제이다. 결혼이 당연하게 여겨졌던 시대는 이미 지나갔다는 말이다. 〈일간스포츠〉와 한 여성포털 사이트가 2003년, 20-30대 여성 3천4백86명을 대상으로 한 조사 결과에 따르면 결혼을 제때에 꼭 해야 한다는 응답자는 17.2퍼센트에 불과했다. 반면에 인연이 닿지 않으면 굳이 결혼할 필요가 없다는 생각을 가진 여성은 68.8퍼센트였다.

이제 결혼은 개인 자신이 선택하고 결정할 지극히 개인

사적인 문제가 되었다. 사회제도나 인습을 중요하게 여기지 않고 타인의 간섭을 싫어하는 자기 중심적 사고와 기존 생활 방식을 기피하거나 반발하는 자유주의적 개인주의가 증가한 것이 싱글 문화 선호의 첫번째 이유가 될 것이다. 이 가운데에는 결혼의 환상에서 많이 깨어나서 현실적으로 재혼을 꺼리며 싱글 생활을 선택하는 이혼자의 경우도 포함된다.

그리고 싱글 선호의 두번째 이유는 가족의 전통적인 기능이 상당히 축소되고, 혼자서도 살 수 있는 주거 환경의 발달 때문이다. 즉 사회제도나 문명 기기, 주거 환경의 발달이 과거 가족의 성별, 연령별로 분담했던 가족 역할의 기능을 축소하거나 대체하고 있다. 원룸 주택, 세탁기 등 자동화된 가전기구, 인스턴트 조리법, 음식 배달 등 각종 생활 서비스의 발달은 독신 생활을 가능하게 하였다.

세번째 이유는 미혼 남녀들이 일과 자유 시간을 갖기 위해 독립적이고 개성적인 개인 삶을 원하기 때문이다. 그들은 일에 전념하거나 경제적 · 시간적 자유를 누리고 싶어한다. 특히 여성의 경우 일과 가정 생활을 양립하기 힘들어 싱글을 택하는 경우가 많다. 거추장스런 가정과 가사에 구속박기보다는 자신의 일을 선택하겠다는 것이다.

그러면 성적인 문제는 어떻게 해결하는가. 우리 사회의 어느 정도 자유롭고 개방적인 성 의식의 변화로 반드시 결혼하지 않고도 성 문제를 해결할 수 있는 성문화가 조성된 것이 싱글족이 증가하는 네번째 이유이자 조건이 될 것이다. 이제는 기혼자가 아니더라도 자유로운 성관계를 가질 수 있게 되었고, 이에 대한 사회적·도덕적 비난도 상당히 약화된 시대가 온 것이다.

오늘날 우리 사회에서 독신자가 늘어나고 있는 실정이고 싱글 문화에 대해 긍정적인 인식이 확산되어 가고 있다. 그러나 개인이 싱글의 삶을 선택함에 있어서 전통적 가족 관념을 갖고 있는 부모 세대와 갈등이 있을 수 있다. 즉 우리 사회에 독신자에 대한 사회적 편견이 완전히 사라지지는 않았다는 뜻이다. 그리고 선진 외국에 비하면 아직은 완전히 자유롭게 성개방이 이루어지는 것도 아니라서 자칫하면 독신 생활이 이기주의적이고 쾌락주의적인 방탕함으로 비칠 수도 있다. 그리고 독신의 자유를 만끽하면서 동시에 고립감과 소외감이 또 다른 개인적 고민이 될 수 있다.

독신 생활은 이러한 개인적 차원의 문제뿐만 아니라 사회적인 문제를 발생시킬 우려가 있다. 즉 출산력 저하로 노동 인구가 감소되어 사회의 경제력·대내외적 산업경쟁력이 약화될 우려가 있다. 그리고 혼자 사는 사람들이 늘어나면 가족이 함께 사는 것보다 사회적 비용이 증가되는 단점이 있다. 또한 문화적으로는 개인주의가 심화되고 혈연 관계의 약화와 가족 해체의 위기도 예측할 수 있다. 그러나 개인이 이런 국가 사회의 장래까지 고려하며 자신의 라이프 스타일을 설계해야 한다는 것은 현실성이 없다.

싱글족은 우선 자신이 선택한 삶에 만족하고 사회적으로 소외 받거나 차별받지 않고 성공적으로 살아가기를 원한다. 그러기 위해 싱글은 먼저 경제적으로 완전히 독립을 해서 독립된 주거와 사회 생활을 해야 할 것이다. 그리고 독신의 자유로움이 주어진 대가로 짊어지게 될 무절제나 외로움·고독감·소외감을 극복할 자신감을 갖고 대책을 세워야 한다. 애완동물을 기르며 정서적 안정을 취한다든지, 이야기를 나누고 성적 문제를 해결할 수 있는 친구나 애인이 있어야 한다. 싱글족은 병에 걸리거나 암에 걸려 평균 수명이 짧다는 과학적 통계가 있다. 싱글은 이 점을 유념하고 항상 주변 친구 및 동료와 더불어 생활하는 습관을 들여야 한다. 그리하여 적극적인 사회 활동에서 취미 활동 내지 봉사 활동을 하면서 나홀로 삶에 대한 자신감을 키워 나가야 할 것이다.

앞으로 개인주의 성향이 더욱 고조되고 경제적 · 사회적 · 문화적 여건이 허락되면 더욱더 편하고 윤택한 자기만의 삶을 갈구하는 싱글족들이 증가할 것으로 예상된다. 물론 이 가운데에는 나이가 들어 인생의 배우자를 찾기 전까지 젊음을 누려보겠다는 잠재적 결혼 예정자들도 상당수 있다. 요즈음 독신자 친목 모임에는 갖가지 형태로 미래의 짝을 찾는 이들이 적지 않다. 그래서 미팅 정보와 커플 이벤트를 적극 받아들이는 독신 클럽이나 사이트들도 많이 있다. 싱글들은 여러 만남의 방법을 통하여 요리 · 영화 · 만화 · 여행 등 기타 독신을 위한 정보를 얻고 즐기면서 미래의 짝을 그려 보기도 한다.

이에 따라 싱글 문화가 만드는 긍정적인 사회 문화 현상도 있다. 취미, 직장 등 동호회가 활성화되고 여가 선용이 증가하여 사회적 연결망이 확대되고 강해진다는 점이다. 우리 사회의 병폐인 지나친 혈연 관계 중심에서 횡적이고 유기적인 사회적 관계로 발전한다는 것은 바람직한 현상이라고 볼 수 있다. 이렇게 볼 때 건전한 싱글 문화의 정착을 위해 가족뿐만 아니라 싱글족에 대한 주거 마련, 세제 감면 등의 정책적 지원도 필요하다.

이제 싱글 문화는 전통적인 결혼제도와 가족제도의 단점을 보완하는 하나의 대안 문화로 자리잡아 가고 있다. 싱글족의 나홀로 삶을 전통 제도의 완전한 부인이나 기존 사회질서의 파괴로 보지 않는 관대함과 여유가 필요하다. 싱글 문화는 기존 가족제도와 관습에 대한 반성적 개혁 문화이다. 이제는 싱글 문화의 장단점을 면밀히 따져 보고 이것이 긍정적인 방향으로 우리 사회의 주변에 자리잡기를 기대해 볼 시점에 와 있다. 그리하여 '왜 혼자 사느냐'고 물을 때 '함께 살기가 싫어서'가 아니라 '혼자 사는 것도 좋기 때문'이라는 대답을 듣고 공감할 수 있는 사회적 분위기를 만들어 가야 할 것이다.

V
불륜의 사회학

1 불륜의 역사

　결혼으로 맺어지는 사랑과 성관계만이 순수한 것일까. 인류 역사가 증명해 주듯이 인간의 결혼제도에는 언제나 경제ㆍ정치ㆍ종교ㆍ인종 등의 이해 관계적인 외적 요소들이 개입하였다. 한마디로 결혼제도는 그리 순수한 것이 못되었다. 오늘날에도 결혼은 사람들에게 사랑과 행복을 보장해 주지 못하고 의무와 위선의 제도로 여겨지는 경우가 많다.

　혼외정사는 속칭 불륜이라고 불리는 불법적이고 비도덕적인 사랑이다. 이 불륜에 대한 법적ㆍ도덕적 판단의 기준은 결혼제도이다. 부부간 사랑과 성관계는 혼인을 통하여 법으로 보장받는 계약 관계이다. 결혼 계약은 서로가 서로에게 배타적 사랑의 소유권을 주장할 수 있게 해준다. 그리하여 결혼제도 내의 사랑과 성관계는 선이 되고, 일체의 혼외적 관계는 악이 된다. 이렇게 사랑에 배타적 소유권을 부여하여 법적으로 보호하는 이유는 사랑이 본래 견고하지 못한 것이기 때문이다. 그래서 사람들은 법·도덕·종교의 힘으로 사랑을 붙들어 매려고 하는 것이다.

그러나 근대적 합리성이나 신앙심도 인간의 감정을 완벽하게 통제하지 못했다. 법제도와 도덕은 불륜을 완전히 통제하지 못한 것이다. 인간의 감정과 몸을 훈육하고 통제해 오던 구시대의 성담론과 법제도는 서서히 무너지고 있다. 이렇게 된 배경에는 사회 구조의 변화가 있었기 때문이다. 근대 사회에서 공적 영역이 사적 영역과 분리되고 감정과 성의 영역이 개인의 영역으로 편입되면서 더욱더 자율성을 갖게 된 것이다. 사실상 사회와 국가는 오랫동안 인간의 몸과 욕망을 통제하고 지배해 왔지만, 성적인 면에서 인간은 그리 만족하지 못했다. 그리하여 동서고금을 막론하고 인류는 법·제도·도덕을 피해 자유와 쾌락을 추구한 역사를 갖고 있다. 먼저 자크 솔레의 《성애의 사회사》에 나타난 유럽의 성애사에 대해 살펴보기로 한다.

15세기부터 18세기에 이르기까지 유럽에는 25-30세에 짝을 이루는 만혼이 성행하였다. 혼기를 늦춰 금욕 기간을 두는 것은 빈곤에서 벗어나려는 경제적 이유 때문이었다. 맬서스는 만혼을 정당화하는 이론을 제공하였고, 기독교도 만혼과 순결을 실천하였다. 이후 인간의 본능적 충동을 억누르는 금욕주의와 정절은 종교적·도덕적·문화적으로 정당화되어 자본주의 발달의 사회적 규범이 되고 최고의 미덕이 되었다. 동양에서도 소수 종교를 제외하고, 종교·철학·유교와 같은 실천 윤리는 인간의 본능을 억제하는 것을 미덕으로 여겼다.

그러나 아무리 종교나 윤리가 육체의 향락에 대한 금욕 정신의 우월성을 강조하고 경제적 조건이 호전되어도 인간 욕망의 억제에는 한계가 있었다. 동서양의 귀족과 부유층은 젊었을 때 방종을 실컷 즐기고 만혼을 했다. 그러나 상대적으로 민중들은 성의 기쁨을 유보할 수밖에 없었던 성의 불평등 현상이 나타났다.

솔레에 의하면, 유럽에서 성적 자유의 물결이 하류층까지 퍼지게 된 것은 18세기 산업 혁명 초기이다. 이 무렵 비합법적인 성관계가 나타나며 성적 자유가 찬미되었던 것이다. 18세기 말엽 파리와 뉴잉글랜드 몇몇 도시에서는 사생아 출산율이 30퍼센트를 웃돌았다고 한다. 불법적인 남녀 관계가 성행했다는 증거이다. 시골 아가씨나 하녀·미망인·노동자들이 도시에 와서 연명할 수단으로 상류층의 남자와 원조교제를 하기도 했지만, 낮은 계층의 젊은이들은 저희들끼리 성적 자유분방함을 즐겼다. 그들은 계층·종교·도덕·가족의 구속으로부터 벗어나려고 했다. 그들 중에는 운좋게 상류 계급으로 진입한 여자들도 있었으나 대체로 낮은 계층의 여자들은 성적 착취의 대상이 되었다.

물론 이런 불법적인 남녀 관계는 비단 근대 산업 국가에서 처음 발견되는 것은 아니었다. 간통은 궁정 귀족 계급에만 있는 것이 아니라 농촌 지역에서도 횡행하였다. 중세 궁정에는 색정의 소굴처럼 귀족의 첩들이 우글거리고, 시골에서도 첩의 역할을 하는 매춘부들이 많았다. 귀족 계급에서 근친상간이나 난잡한 성행위가 성행했다. 호색가 귀족은 하녀를 탐하고 반대로 그들의 자녀들은 가정교사나 하녀에게 성교육을 받았다.

솔레에 따르면 수도원·여관·수풀 우거진 공원·묘지·거리 포장마차 등에서는 일탈적인 성을 즐기는 남녀들로 가득 찼다. 문란한 성행위와 매춘이 이루어지는 혼욕탕·사우나는 단속의 대상이 되었다. 일부 고위성직자·사제들은 간통·동성애 등 음탕한 짓을 하며 남몰래 영아를 처치하고 쾌락을 설파하며 돌아다녔다. 고관이나 그 자제들은 식민지 노예들을 정부로 만들어 성적 노예처럼 다루었다.

한편 일찍이 식민지 정복의 경험이 없는 한국에서는 낮은 신분의 여자나 기생들이 고관과 양반의 성적 노리개가 되었다. 농촌 서민들은 숲과 밭·계곡·외양간 등에서 욕정을 풀고, 양반은 하인을 유혹하여 안방으로 끌어들였다.

이렇듯이 만혼·일부일처제·종교 등도 인간의 무한한 성욕을 다스리지 못했다. 사회제도의 성적 욕망의 억압은 성적 일탈을 초래했다. 그리고 개인주의와 자유주의 발전은 혼전 성교, 혼외 성교를 부채질했다. 그리고 난삽한 성행위와 함께 매독 등 성병이 창궐하고 사도마조히즘적인 도착적 성 의식도 확산되었다.

동서양을 막론하고 부유한 사람들은 정치적·경제적 이득을 감안하여 교섭과 흥정을 하는 타산적 결혼을 했다. 그들에게 결혼은 신분과 재산의 결합으로 귀족의 위치를 강화하는 것 그 이상이 아니었다. 시민 계급의 일부도 이해 타산적인 조건으로 결혼을 하여 경제적·사회적으로 안정된 가정을 가지려고 했다. 결혼을 통한 한탕주의는 모두가 갖는 허영이기도 했다. 그리하여 사람들은 결혼 배우자의 선택에 있어서 냉정해질 수밖에 없었다. 순간적인 충동이나 광기에 가까운 정열을 피하고 냉정하게 배우자를 선택할 줄 아는 현명한 태도가 진실한 사랑으로 인정받았다. 귀족과 부유한 상류 계층은 상호간의 사랑·정열·육체적 매력과는 관계없는 정략 결혼, 강제에 가까운 결혼을 하였다. 중국이나 한국에서는 배우자의 얼굴도 못보고 결혼하기도 했다. 그 때문에 종종 부부 사이에 성적 부조화가 생겨 성적 불만은 배우자 학대나 불법적인 사랑, 성적 모험으로 이끌어 결혼 생활은 파국으로 치닫게 되었다. 솔레에 의하면 실제로 서구 귀족과 부유층의 절반은 정부를 두었다. 그리고 1600년 무렵 영국 귀족 계급의 상층부 3분의 1이 별거를 했다고 한다. 그들에게 결혼은 개인의 쾌락과 행복의 적처럼 여겨졌다.

한편 불륜에 대한 오늘날 우리나라 사람들의 성 의식과

행동은 어떠할까? 최근 영화 〈바람난 가족〉의 흥행으로 볼 때 불륜에 대한 사람들의 관심은 높은 것 같으나 불륜 의식에 대한 본격적인 조사 연구가 거의 없다. 우리 사회의 불륜의 증가로 간접적으로 들고 있는 지표는 현저하게 증가하고 있는 러브호텔이다. 도심 아파트나 학교 주변까지 파고드는 러브호텔이 불륜의 대표적인 장소로 인식되고 있는 것이다. 그러나 러브호텔 이용객에 대한 정확한 자료가 없어 이것만으로 불륜을 설명하는 데에는 한계가 있다. 2001년 시사주간지 〈타임〉의 조사에 의하면, 아시아 5개국 가운데 한국의 평범한 기혼 남녀들이 혼외정사를 가장 많이 즐기고 있는 것으로 드러났다. 이 잡지는 조사 결과 한국 남성의 65퍼센트, 여성의 41퍼센트가 혼외정사를 경험한 것으로 나타났다고 보도했다. 그러나 이 조사는 표본에 주로 젊은 기혼층과 미혼자들까지 포함하여 신뢰도가 좀 떨어진다.

〈한겨레 21〉과 명필름이 여론조사기관 엔아이코리아에 의뢰해 2003년 7월 전국의 기혼 남녀 3천8백57명을 대상으로 부부 성생활에 대해 조사한 설문 결과가 있다. 이 조사 결과 남성의 42.2퍼센트, 여성의 19.9퍼센트가 배우자

이외의 애인을 사귀어 본 적이 있다. 또 남성의 67.7퍼센트, 여성의 12.3퍼센트가 '혼외 성경험'이 있다고 응답했다. 혼외 성경험은 남성의 상대자로는 유흥업소 여성이 가장 많았고 지속적인 애인은 22.4퍼센트인 반면에 여성의 상대자는 유흥업소에서 만난 사람은 거의 없고 60퍼센트가 지속적인 애인이었다.

2 프로이트가 말하는 불륜의 심리

한 아기가 있었다. 그런데 그 아기가 부른 사람은 다 죽어 버리는 것이었다. 예를 들면 아기가 태어나서 말을 할 무렵 '엄마'라고 하니까 엄마가 죽고, 차례로 형·누나를 부르니 형·누나가 모두 죽었다. 그 아기의 아빠는 아기가 두려워서 멀리 가버리고 말았다. 드디어 아기는 '아빠!'라고 말했다. 아빠는 어떻게 되었을까? 아기가 '아빠'라고 부르는 순간 옆집 아저씨가 죽었다.

연쇄 살인이 벌어지는 이런 무시무시한 이야기를 들으면서도 사람들은 웃음을 터뜨린다. 이런 성적 유머가 웃음을 자아내는 것은 일상에서 억압되어 있던 인간의 불륜의 욕구를 표현함으로써 카타르시스를 느끼게 하기 때문이다.

동서고금을 막론하고 불륜은 보편적인 문화 현상 중 하나였다. 많은 사람들이 불륜을 꿈꾼다. 왜 사람들이 그토록 불륜을 꿈꾸고, 또 실제로 불륜을 저지르는 것일까? 결혼 생활의 권태 때문인가? 윤리 의식이 약해서인가? 그런데 불륜도 본능 때문이라면 그것은 정당화될 수 있는가? 아니면 본능의 야만성 때문에 비난받아 마땅한가? 불륜의 원인에 대한 심리적·사회적 설명 가운데 먼저 그 심리적 원인에 대한 프로이트의 설명을 들어보기로 한다.

　프로이트는 심인성 발기부전증을 예로 들면서 불륜의 심리를 설명하려고 했다. 발기부전이란 새로운 성적 대상의 선택에 있어서 현실의 벽에 부딪힌 리비도가 무의식적 근친상간의 환상에 고착되어 실제로 남성의 성기관의 약화로 나타나는 증상이다. 그것은 근친상간을 피하기 위해 선택되었던 성적 대상이 억제된 대상을 상기시킬 때 나타나는 정신적·육체적 증상이다. 프로이트는 이러한 정신분열증적 증세가 애정과 육욕적 욕망이라는 두 가지 심리적 성향이 조화를 이루지 못한 것으로부터 비롯된다고 보았다. 즉 그것은 인간의 성장 과정에서 성적 대상에 대한 강한 집착이 금기사항으로 현실적으로 금지되었을 때 맛보는 좌절감의 영향 때문이라고 설명하였다. 즉 심인성 발기부전은 애정적 성향과 육욕적 성향이 일치되지 못한 데에서 기인한다. 그것은 근친상간에 대한 오랜 욕망 때문이다. 단지 소수의 사람들을 제외하고 대부분의 남성들은 이러한 심인성 발기부전 징후를 가지고 있다. 여성도 금기에 억제되어 심리적 성교불능 상태, 즉 불감증에 빠져 있다.

한편 결혼은 성장 과정중에 좌절된 성적 욕구의 상처를 완전히 치유하지 못한다. 성적 만족을 쉽게 얻는 순간부터 심리적 성 욕구는 감소하는 일반적 성향 때문이기도 하지만, 억압된 최초의 성적 충동의 대상을 대체한 것은 완전한 만족을 제공하지 못하기 때문이다. 억압된 성적 충동은 평소 불만족한 성인들이 성적 대상의 선택에 있어서 변덕스럽고 강렬한 자극을 원하는 욕망으로 나타나고 있다.

불륜은 이러한 성적 고착과 억압의 성적 조건에서 분출된 욕망에서 비롯된다. 애정적 성향과 육욕적 성향을 잘 일치시킨 상류층 남성은 고상한 여성을 추구하지만, 창부 같은 저속한 여성과 성행위를 한다. 대부분의 남성은 곱게 자란 아내에게서는 완전하고 강한 성적 쾌락을 느낄 수 없는 것이고, 윤리적으로 타락한 여자나 저속한 상대에게서 느끼게 된다. 그것은 소년 시절 도덕적으로 순결하게 생각했던 어머니가 결국 매춘과 같은 보편적이고 혐오스런 성행위를 한다는 사실을 깨달은 결과 나타나는 냉소적인 행동이다. 이렇게 사랑의 대상이 매춘부나 자유스런 여성이어야 한다는 전제 조건은 어머니 콤플렉스에서 파생되었다. 마찬가지로 성장 과정에 아버지에 대한 애착이 파생된 사랑으로 인해 여성도 남편보다 몰래 만나는 애인에게 더욱 강한 성적 쾌감이나 친밀감을 느낀다.

불륜의 사랑에 빠진 사람들이 선택한 대상은 대개 이미 그 누구와 관련이 있거나 종속되어 있는 여자 혹은 남자이다. 즉 남편이나 아내 혹은 약혼자로서 소유권을 주장하는 다른 사람이 있는 경우이다. 불륜에 빠진 사람들은 불륜의 대상이 된 상대방을 혼자서만 즐기겠다는 마음보다는 무의식적으로 삼각 관계를 즐긴다는 것이다. 여기에는 상처받는 제삼자가 반드시 있게 되는데 그 원형은 아버지이다. 그리고 도덕적 통제를 상실하여 타락의 궁지에 빠진 그들 각자가 서로를 구원해 주고 있다고 생각하며 놀라울 정도로 열정적인 애정을 나타낸다.

이것은 인간이 사랑의 충동을 즐기기 위하여 항상 관습

적인 장애물을 세워 왔다는 것을 보여 준다. 예를 들어 마치 기독교의 금욕적 성향이 리비도를 향한 더욱 강한 심리적 유혹을 가져다 주었던 것처럼, 오늘날 윤리적·도덕적 금기와 비난의 장애물은 오히려 불륜에 대한 열정과 연민을 느끼게 한다. 이러한 인간의 본능 때문에 인간 사회에서 불륜이 성행하고 있는 것인지 모르겠다. 그래서 프로이트는 사랑의 본능은 교육하기 힘든 것이라고 토로하였다.

3 사회학자가 말하는 불륜의 이유

우리 사회에서 통속적으로 말하는 불륜은 다른 말로 간통을 의미한다. 간통이란 결혼한 부부간에 맺어진 배타적 성관계의 사회적 규약을 깨고 기혼자가 다른 사람과 성관계를 맺는 것을 말한다. 우리 사회에서는 이것을 윤리에 어긋난다고 하여 불륜이라고 부르는 것 같다. 불륜은 현재 우리나라와 세계적으로 두세 개 국가에서만 법적으로 범죄행위로 간주되어 처벌받는다. 그리고 일반적으로 불륜은 종교적·도덕적 차원에서 바람직하지 못한 나쁜 행위로 간주된다. 왜냐하면 불륜은 부부간에 서로 속이고 속는 신뢰의 문제이기 때문이다. 불륜행위를 하는 사람 대부분은 배우자를 속이고 몰래 혼외정사를 즐기며 그 비밀을 유지하려고 한다. 그리고 불륜을 하는 당사자에게는 비밀스런 만남이 쾌락과 행복을 줄지 모르지만, 그의 배우자에게는 배신감과 분노 등으로 고통을 준다. 그리고 종국에 불륜은 결혼생활을 파경으로 이끈다.

사람들이 불륜을 저지르는 이유는 결혼의 이데올로기에 대한 실망과 뒤늦게 발견한 자아정체성 때문이라고 한다. 미국 사회학자 아네트 로손은 보통의 사람들이 로맨틱한 결혼에 대한 신화를 가지고 있음을 발견하였고, 독일 사회학자 울리히 벡 부부는 사람들이 사랑과 결혼에 대해 엄청난 가치를 부여하여 과장된 표현을 해왔음을 지적하였다. 또한 사회학자들은 결혼에 대한 실망과 불만을 깨닫게 되는 개인주의적 자아 덕분에 진정한 사랑에 대한 열망과 새 출발이 있게 된 것이라고 본다.

인습적인 결혼 생활은 상대방에 대한 애정과 함께 존중, 자기 희생을 요구하면서 성의 배타적인 독점과 영원성을 표방한다. 결혼과 함께 당사자들은 영원히 사랑하며 사랑받을 수 있다는 이데올로기에 빠진다. 또한 결혼 이데올로기에 빠져 결혼 생활의 부조화나 갈등도 단지 성격 차이 · 실수 · 부주의 탓으로 돌리는 경향이 있다. 보통 사람들은 그렇게 자아가 바라는 진정한 사랑의 의미를 인식하지 못한 채 잦은 불화로 고통의 나날을 보내기도 한다. 이렇게 결혼 생활은 대개의 경우, 자아의 욕구불만을 충족시켜 주지 못하고 있다.

이때 자아가 갈망하는 새로운 사랑은 결혼 생활과 모순적 관계에 놓이게 된다. 진정한 사랑은 결혼 밖에서 찾을 수밖에 없다고 생각하기 때문이다. 진정한 사랑과 결혼은 마치 이상과 현실처럼 분리되어 인식된다. 이렇게 인식하는 사람들은 대개의 경우 결혼이란 환상에서 깨어난 사람, 결혼 생활에 불만이 있는 사람, 불륜을 옹호하거나 찬미하는 사람들이다. 즉 그들은 행복하지 않은 결혼 생활에는 진정한 사랑이 없다는 말을 한다. 물론 그들도 처음에는 사랑과 결혼이 일치해야 한다는 생각을 갖고 있을 것이다. 그러나 실제로 결혼은 사랑 이외의 여건들을 고려하여 이루어지기도 하고, 사랑해서 결혼한 경우에도 실제 결혼 생활이 이전 같지 못한 데서 실망과 불만이 생기고 새로운 사랑에 대한 욕망이 싹트게 된 것이다.

여성의 경우 육아 · 가사 · 가부장적 남편으로부터 벗어나서 자유와 사랑을 찾게 된다. 여성은 가부장적이고 자신에게 무관심한 남편과의 잠자리를 피하고, 남편과는 달리 자신에게 관심 갖고 자신을 배려하는 새로운 사람을 찾는다. 여성은 반드시 육체적 욕구불만 때문이 아니라, 함께 이야기하고 자신을 이해해 줄 수 있는 파트너가 필요하다는 이유 때문에 불륜의 유혹에 빠지거나 혹은 능동적으로 불륜에 첫발을 디디게 된다. 불륜을 저지르는 남녀 모두는 새로운 애인과의 관계에서 자신의 정체성을 찾고 자아에 충실하고자 한다.

불륜은 부부 관계와 결혼 생활이 원만하지 못한 데에서 발단이 된다. 부부간에는 사랑에 기반하여 언어적·감정적·육체적 상호 의사소통이 활발해야 한다. 그리고 부부는 서로 비밀을 공유할 수 있을 정도로 친밀감과 유대 관계를 유지하여야 한다. 진정한 사랑이란 바로 이러한 생각과 감정의 상호 소통과 공유가 전제되는 것이기 때문이다. 불륜의 욕망은 부부간의 친밀성·솔직성·대화가 부족한 데에서 싹튼다.

불륜의 모험은 결혼 생활 밖에서 사랑을 찾고자 하는 데에서 시작된다. 또한 불륜은 때때로 사랑과 섹스를 분리하는 사고에서 쾌락적 섹스를 즐기고자 하는 동기에서 비롯되기도 한다. 이렇게 볼 때 불륜은 결혼 생활 밖에서 진정한 사랑 혹은 쾌락적 섹스를 찾는 과정인 것이다.

불륜은 애정과 감정, 대화가 결핍된 부부 관계, 결혼 생활의 모순을 깨닫게 해준다. 아내나 남편이 불륜에 빠질 때 결혼의 억압과 모순 속에 있는 자아를 발견하게 된다는 것이다. 불륜은 결혼 생활에서의 해방이자 일상으로부터의 탈주이다. 로손이 발견한 대로 불륜 당사자들은 자신의 불륜행위가 로맨틱한 결혼 생활을 하지 못한 데에 대한 감정적 보상이라고 느낀다. 그리고 불행한 결혼 생활 가운데서도 독립심과 자유를 중요하게 생각하고 꿈꿔 온 사람일수록 불륜에 관대하고 이를 받아들이는 경향이 있다.

로손이 말한 대로 결혼이 '노동의 장소' 라면, 불륜은 '노는 장소' 이다. 불륜을 행하는 사람들은 위험을 최소화할 수 있고 놀 수 있는 대상 · 순간 · 장소를 선택하게 된다. 그런 다음 불륜 당사자들은 결혼제도의 억압이나 모순에서 벗어나 스릴을 즐기며 마음껏 사랑받고, 섹스하며 마음의 어떤 공백이 채워져 감을 느낀다. 1980년 후반 로손이 실시한 불륜 경험이 있는 5백79명의 설문 조사와 1백 명의 심층 면접을 통한 조사 결과인 저서 《애인을 꿈꾸는 이유》에 의하면, 불륜 남녀 모두 성적 충족감을 제일 높이 평가했다. 이 점은 불륜이 종종 진지하고 정열적인 사랑이기보다는, 대개의 경우 성적 욕구를 충족하기 위한 만남이기도 한 사실을 말해 주기도 한다. 아무튼 불륜을 통해 느끼게 되는 성적 환희, 즉 오르가슴은 개인 존재에 대한 확실한 확인이었던 것이다. 실제로 로손이 연구한 간통자들은 불륜을 통하여 무의미한 삶 속에서 생의 활력과 진정한 삶을 발견하게 되었노라고 고백했다. 또한 불륜을 통하여 개인은 성적인 만족감·자존심·자신감 등을 얻지만, 배우자를 기만했다는 죄책감과 발각의 두려움 등으로 불안한 감정을 갖고 있는 것으로 나타났다.

그러나 이같은 죄책감은 최근 현저하게 줄었다. 2003년 미국의 성 연구가 수잔 사피로 브래쉬는 인터뷰 조사 연구를 통해, 간통을 한 미국 가정주부 1백20명 가운데 90퍼센트가 죄의식을 못느낀다고 밝혔다. 오히려 이들은 간통의 쾌락과 흥분을 느낄 자격이 있다고 말했다. 브래쉬는 최신 저서《더 많은 사람들을 바라는 욕망》에서, 60퍼센트 이상의 미국 가정주부들이 최소한 한번 불륜을 저지를 것이라고 말했다.

2003년 〈한겨레 21〉과 명필름이 의뢰한 한국 부부 성생활 조사에서는 부부간의 금실이 좋아도 외도의 욕구를 느끼는 것으로 드러났다. 또한 부부의 성생활이 즐겁다고 만족한 남성이 39.5퍼센트, 여성은 36.4퍼센트이지만, 남성의 83.8퍼센트, 여성의 49.4퍼센트가 각각 배우자 이외의 이성과 성관계를 갖고 싶다고 응답했다. 부부 생활이 원만하더라도 남녀 모두 불륜에 강한 욕망을 가지고 있다는 것을 보여 주었다. 또한 불륜 경험이 없는 이들 역시 혼외 성관계를 꿈꾸는 것으로 나타났다. 배우자 아닌 다른 이성과 성관계를 갖는 생각이 가끔 든다는 응답자가 58.1퍼센트였고, 자주 그런 생각을 하는 사람도 2.2퍼센트였다. 이로써 실제적으로 일부일부처제의 결혼 생활이 매우 형식적으로 유지되고 있음을 알 수 있다.

불륜은 불륜 당사자에게 새로운 사랑이며 쾌락일 수 있다. 그러나 당사자의 배우자에게 불륜은 배신 · 분노 · 질투 · 절망 그 자체이다. 그런데 배우자의 그러한 배신과 분노는 정당한 것인가? 불륜의 사회학적 이유에 대한 설명은 일부일처제 결혼이란 이데올로기와 관습에 빠져 삶의 의미와 자아정체성을 의식하지 못한 부부 모두에게 책임이 있음을 보여 주고 있다. 즉 불륜은 결혼 관습에 빠져 상호 의사소통이 부족한 문제 있는 부부의 결혼 생활에 이미 내재되어 있다. 따라서 불륜은 부부간의 의사소통과 신뢰에 관한 부부 당사자의 문제인 것이다.

한편 불륜에 대한 법적 처벌과 사회적 비난 뒤에는 여성의 성 정체성을 왜곡하고 가부장적 가족제도와 모성 이데올로기를 유지하려는 남성 지배층의 욕망이 숨어 있다. 다음 장에서 소개할 불륜 소설은 이러한 기존 제도와 이데올로기에 반발하며 자신의 정체성을 찾으려는 불륜 여성의 이미지를 보여 주고 있다.

4 불륜 소설의 여성 정체성 찾기

불륜은 인간 사회에 보편화되어 있는 현상이다. 세계 어느 사회에서도 불륜을 용인하고 있지는 않지만, 이 금지된 사랑의 열정은 좀처럼 식을 줄 모르고 지구촌 곳곳에 숨어서 타오르고 있다. 불륜은 법과 도덕의 그늘 속에서 떨며 정념의 불을 지피고 있다. 이 불법적 사랑은 현실에서 그 욕망이 억압되고 은폐되어 있지만, 문학과 예술의 세계에서는 허용되고 미화되는 인간의 욕망이다.

우리 사회에서 애정관과 가족관이 변함에 따라 사랑·결혼·불륜·이혼 등의 문제는 문학 작품에서 다루어지는 보편적인 주요 소재가 되었다. 현대 문학은 특히 불륜을 통해 사랑과 결혼의 본질을 파헤치고 가부장제의 폭력과 모성

이데올로기의 허구를 보여 준다. 그리고 억눌린 섹슈얼리티의 해방으로서 행복과 자기 정체성을 추구하는 개인을 묘사한다. 그래서 문학 작품 속에서는 불륜이 흔히 아름답게 표현된다. 그러나 문학 작품 속에 나타나는 이성관, 반사회적 가족관, 과도한 성적 표현의 문제는 종종 그 위법성이나 선정성으로 사회 문제가 되기도 한다. 이처럼 문학은 사회적 가치나 세태를 반영하기도 하고, 전위적 가치와 일탈적 태도를 그려내어 사회적 파문을 일으키기도 한다. 오늘날의 한국 문학도 우리 사회에서 변화하고 있는 성 혹은 변화해야 할 성에 대한 화두를 끊임없이 제기하면서 적잖은 사회적 반응을 일으키고 있다. 문학은 변화하는 성의 가치관을 반영하고 독자의 의식과 태도에 영향을 주고 있다.

먼저 영화 〈밀애〉로 각색된 전경린의 소설 《내 생애 꼭 하루뿐일 특별한 날》을 보면서 불륜에 빠지게 되는 조건과 한 여인의 심리를 살펴보자. 줄거리는 다음과 같다.

크리스마스 날 한 평범한 가정에 앳된 얼굴을 한 젊은 여인이 술에 취해 느닷없이 방문한다. 이 여인은 남편과의 불륜 관계로 낙태까지 경험했던 거래처 직장 여성이다. 여인의 대담한 방문과 불륜 사실을 알게 된 주인공 이미흔은 큰 정신적 충격을 받는다. 캠퍼스 커플이었던 남편과의 사랑만이 유일한 삶의 이유였던 그녀는 온종일 두통과 불면증·조울증에 빠진다. 그녀는 병을 치료할 겸 환경의 변화를 가지려고 남편과 함께 시골로 이사가게 된다. 그런데 운명의 아이러니인가. 미흔은 거기서 이웃집 유부남과 사랑에 빠진다. 그 남자는 미남이고 마을에서 소문난 바람둥이다. 미흔은 이 시골 우체국장과 모텔을 전전긍긍하면서 사랑의 욕구를 채워 간다.

그녀 나이 33세. 억제할 길 없이 끓어오르는 욕망은 차라리 능멸해도 좋을 듯 싶었다. 딸도 하나 있다. 그러나 진부한 모성과 도덕으로 그녀를 가정에 포박하기엔 그녀는 아직 젊은 나이였다. 유부남과 유부녀의 불륜은 숲속과 모텔에서 이루어진다. 그러나 사랑의 모험도 몇 개월 만에 끝나게 된다. 시골은 워낙 좁은 바닥이라서 소문이 쫙 퍼졌다. 게다가 운 나쁘게 큰 교통사고로 인해 둘이 함께 있던 사실이 온 마을에 알려지게 되었다. 결국 남편과 헤어지는 것으로 소설은 끝난다.

이 소설이 전달하는 메시지는 아주 현실적인 모습으로 적나라하게 드러나는 사랑의 허구와 실재에 대한 깨달음이다. 머리로 하지 않는 사랑, 욕망의 비루함과 쾌락을 담은 관능적 사랑의 실존적 확인이다. 비록 그 확인 과정에 때때로 감상과 가벼움이 비친다 하더라도 왜 그런 과정을 여자와 남자가 겪어야 하는지 적나라하게 보여 준다.

 이 소설에서 결혼은 남녀를, 특히 여자를 가정에 유폐시키는 제도로 묘사되고 있다. 결혼 생활이란 자세히 들여다보면 모순과 혼란, 야만성 그 자체이지만 현실에 안주하고 싶어하는 자에겐 그저 무상할 따름이다. 결국 형식적인 사랑으로 외피를 두르고 마는 가정과 이 질곡에서 빠져나오게 되는 현실적 존재의 비참함 역시 삶의 남루함을 보인다. 지루한 삶에 안주하지 하지 않고 현재적 사랑만을 추구하는 것이 가장 행복한 순간인지도 모른다. 그렇게 죽도록 사랑한다고 부둥켜안고 울었던 사람도 헤어지면 치한으로 몰고 만다. 그래서 소설의 인물들은 사랑한다고 말할 때 사랑을 끝내는 게임을 하기로 약속한다. 사랑은 교훈적으로 하는 것이 아니라 실존적으로 하는 것이라고 작가는 말한다. 그런데 그 실존적인 사랑에서 보여지는 우리 인간의 모습은 어떠한 모습일까. 감정에 솔직한 예민하고도 연약한 인간이지만, 자아도취적이며 부도덕하고 이기적인 인간의 모습일 것이다. 작가의 말대로 사랑에 빠지고 사랑을 끝까지 하는 자들은 '나쁜'(?) 사람들인 것이다.

은희경의 소설《마지막 춤은 나와 함께》도 불륜을 통한 자아 발견과 조건 없는 현재적 사랑의 미학을 보여 주는 작품이다. 이 소설의 줄거리는 다음과 같다.

주인공 진희는 30대 중반의 이혼녀이다. 그녀는 뱃속의 아기의 아빠가 누군지 모를 정도로 동시에 여러 명의 남자와 복잡한 사랑을 나눈다. 그녀의 이런 사랑법은 하나만의 사랑을 운명처럼 강요하는 사회에 대한 반발이다. 그녀는 순정과 결혼으로 귀결되는 사랑의 환상이 깨어질 때 엄습하는 배신감과 절망감을 두려워하고 있다. 이러한 두려움을 떨치기 위해 그녀가 택한 것은 동시다발적인 부도덕한 사랑의 행각이다. 그러나 이 부도덕한 사랑은 그녀에게 결혼과 이혼을 초월하여 맺어지는 진정한 사랑처럼 다가온다. 한편 평범한 주부인 친구 윤선이는 연하의 유부남과 바람을 피운다. 바람은 은밀하고 감미로운 사랑의 향기와 같다. 친구는 감격의 눈물을 흘리며 남자의 품에 안긴다. 관습을 깨고 윤리에 이긴 불륜의 사랑을 추구하는 것이 자신의 정체성을 회복하는 과정으로 그려지고 있다.

사랑은 영원하지 않고 현재적인 것이다. 소설의 주인공은 현재적 사랑관을 주장한다. 그런데 보통 연인들은 조급하게 미래를 약속하고 오랫동안 후회한다. 사랑은 또 오고 다시 지나가게 마련이다. 사랑에 관한 한 현실주의자가 되어야 한다.

운명적 사랑을 믿지 않는 주인공 진희에게는 현재적 사랑만이 진실된 사랑이다. 과거나 미래의 조건에 얽매이지 않는 사랑이다. 현재적 감정에만 충실하기 때문에 그녀는 취기에 상대방과 포옹과 키스를 하고 섹스도 한다. 그녀는 사랑 때문에 섹스를 하지만, 섹스 때문에 사랑하기도 한다. 그녀에게 섹스는 성스럽지도 추하지도 않은 것이다.

소설의 제목은 다른 남자들 품에 안겨 즐겁게 춤추는 애인에게 보내는 질투와 절망 섞인 한 남자의 노래이기도 하다. 그러나 소유와 귀속이 여자의 행복을 보장하지 않는다. 사랑은 집착과 소유의 대상이 되어서는 안 된다. 사랑은 이해와 자유의 대상이 되어야 한다. 누구나 마지막 춤의 주인공이 되고 싶어한다. 그러나 마지막 춤은 없다. 아니 모든 춤이 마지막이다.

소설의 결말은 감상적이고 허전하다. 직장에서 쫓겨난 진희는 술에 취해 택시에 합승한 남자에 몸을 기대고, 친구는 가정으로 돌아온다. 작가는 불륜의 사랑을 통해서 사랑의 본질을 규명하고 여성의 정체성을 확인하려고 했다.

적당한 감상과 음험한 욕망을 다룬 불륜 소설이 인기가 있는 것은 왜 그럴까. 소설이 일상의 가식과 현실적 구속을 벗어나고 싶은 인간의 자유에의 본능을 자극하며 금지된 불륜의 욕망을 대리충족시키기 때문이다.

문학 밖의 영역에서 우리 사회 불륜의 욕망을 건드린 것은 〈애인〉이란 텔레비전 드라마일 것이다. 그때 세간에 논란은 많았지만 대부분 사람들은 드라마 속에서 맺어진 유부남·유부녀의 은밀하고 순수한 사랑을 이해하고 공감하였다. 그 이유는 사람들이 비도덕적인 사랑을 비난하기 앞서, 불륜이지만 솔직하고 순수한 감정에 기초한 사랑을 동경하고 동정했기 때문이다.

5 불륜과 거짓말

　문학적으로 미화되는 불륜은 현실적으로는 저주받는 로맨스이다. 기혼자가 배우자 이외의 사람을 사랑하는 것은 불법이고 비도덕적인 행위이기 때문에 사회적 지탄을 받는다. 불륜은 사회적으로 인정받지 못한 떳떳하지 못한 사랑이기 때문에, 어둠 속에서 만나 어둠 속에서 헤어질 수밖에 없는 슬픈 사랑이다. 그럼에도 불구하고 많은 사람들이 혼외 사랑의 덫에 빠진다. 특히 사회적 지위와 명망이 높은 인사들의 혼외정사가 폭로되면서 세간의 이목을 끌고 그들의 명예가 실추되는 일들이 자주 있다.

　클린턴 전 미국 대통령은 재임중 백악관 여직원과 세계적인 섹스 스캔들에 휘말렸다. 또한 미국의 인권운동가로서 사회적 명망이 높은 잭슨 목사는 혼외정사로 낳은 자식이 있음을 시인하면서 곤혹감을 감추지 못했다.

그런데 한 사람의 사회적 지위를 한순간에 땅에 떨어뜨릴 정도로 불륜은 큰 죄인가? 불륜은 그렇게 악한 것이고 사회적 해악인가? 불륜보다 더 큰 죄가 거짓말과 위선이 아닐까? 그리고 불륜은 당사자들끼리 해결할 애정의 문제, 즉 사적인 문제가 아닌가?

클린턴 대통령의 섹스 스캔들에서 알 수 있듯이 불륜은 미국과 같은 나라에서는 대통령직 사임까지 거론될 정도로 심각한 범죄는 아니다. 선진국에서는 공적으로 거론할 가치조차 없는 지극히 사적이고, 저급 주간지에서나 크게 다룰 문제이다. 프랑스에서는 전 대통령 미테랑이 불륜 관계로 낳은 딸이 엘리제궁을 드나드는 것이 가십 정도의 일이었다. 그런 일로 온 나라가 떠들썩할 일은 아니고 대통령 탄핵 운운은 상상조차 못할 일이다.

그러면 미국 국민들은 대통령의 성 추문을 어떻게 바라보았는가. 성 추문에도 불구하고 대통령에 대한 미국민의 지지도는 여전히 높았고, 대통령은 탄핵되지 않았다. 이것은 합리주의·실용주의를 지향하는 미국인들에게 유럽인들과 같이 공적 영역과 사생활을 분리하는 태도가 있었기 때문이다. 다만 한동안 미국 사회가 시끄러웠던 것은 미국민이 대통령의 불륜보다는 거짓말에 분노하였기 때문이다. 즉 국민의 높은 지지율과 우호적인 여론에 힘입어 대통령이 증언하고 대국민 성명을 하였는데, 그 내용이 부정직했다는 것이다. 즉 대통령이 불륜 관계에 대해 솔직한 고백을 하지 않고 가족과 국민에게 모호한 태도와 거짓말을 계속해 온 사실, 자신의 '부적절한 관계'에 대한 반성 없이 여론을 등에 업고 자신에게 향한 비난의 화살을 특별검사에게 돌리는 등 정치적인 태도를 보였다는 것이다.

미국 사회는 불륜보다는 부정직에 대해 단죄하는 사회이다. 클린턴은 불륜과 부정직에 대해서 단죄하는 미국적 도덕 기준을 누구보다도 잘 알고 있음에도 불구하고, 자신의 업무 능력에 대한 지지 여론을 핑계로 슬쩍 넘어가려고 했던 것이다. 물론 그는 부정직의 문제를 불륜의 문제에서 파생된 부차적인 문제로 생각하고 있는 것 같았다. 이 일은 결국 대통령의 사과와 국민의 용서로 결말이 났다. 이 사건은 미국 사회가 불륜 여부보다는 정직과 신뢰의 여부에 사회적 가치를 더 부여하고 있음을 보여 주었다.

일반적으로 불륜은 이해 관계를 가진 주위 사람들의 비난과 희생의 대상이 되는 경우가 많다. 그러나 불륜은 우선 불륜의 당사자들과 배우자가 관계되는 사적인 문제이고, 이는 당사자들간에 풀어야 할 사랑과 진실에 관한 문제인 것이다. 부부가 얼마나 진실되고 신뢰감 있는 결혼 생활을 영위하고 있었는지, 상대방은 왜 배우자를 속이고 불륜을 저질렀는지, 그리고 배우자를 용서할 것인지, 헤어질 것인지 등은 모두 당사자들의 사적인 문제인 것이다. 불륜에 관한 이 모든 문제는 당사자들이 솔직하고 진지하게 고민하고 반성하며 해결할 일이지 제삼자가 왈가왈부할 일이 아니다. 그런데 문제는 흔히 불륜을 사랑의 문제로 인식하고 이해하며 해결할 생각을 하지 않고, 감정적·경제적·정치적 등의 목적을 갖고 이해 관계의 문제로 접근하고 해결하려는 데에 있다. 결혼이 사랑으로 맺어지는 것이라면, 남녀간의 애정의 문제는 사랑의 차원에서 풀어야 하는 것이 정석이다.

만약 결혼이 사랑 이외에 다른 순수하지 못한 다른 동기로 이루어진 것이라면, 그 결혼과 혼내 부부 섹스는 합법적이라도 도덕적으로 순수하지 않을 뿐더러 바람직하지 못한 것이라고 말할 수 있다. 그런 위선적인 결혼 생활에 비해 순수하게 맺어진 불륜이라면 당사자는 거짓된 혼내 섹스보다 혼외 섹스가 더 진실되고 순수하다고 생각할 수 있다 그러나 혼외 섹스는 도덕적 정당성을 획득하지 못하고 있다. 아무리 조건 없이 순수하게 이루어진 사랑이라도 해도 일부일처제하의 법적으로 이혼하지 않은 상태에서 맺어진 것이기 때문에 도덕적 비난을 면하기 어렵다.

결국 문제는 잘못된 결혼이다. 잘못된 결혼이라면 애초에 하지 말던가, 결혼했다면 나중에라도 이혼의 결단을 내렸어야 한다. 그러나 많은 경우에 이혼은 결혼보다 하기 어려운 것이다. 그래서 이혼을 했어야 할 많은 사람들이 형식적인 결혼 생활을 유지하다가 불륜의 덫에 걸린다. 그러나 여기서 불륜은 인생의 발목을 붙잡는 덫이 아니라 구원과 새 출발의 행운일 수도 있다.

결혼이란 사회적 기준에서 볼 때 모든 불륜은 나쁜 것으로 간주된다. 그러나 사랑과 행복이란 개인적 기준에서 볼 때 모든 불륜이 나쁜 것이 아니다. 결혼의 기준에서 모든 불륜을 무조건 사악시할 것이 못 된다. 기준이 되는 결혼 자체가 잘못되거나 위선적인 결혼일 수 있기 때문이다. 사실상 인간의 결혼은 돈·신분·권력·학력 등으로 얼룩져 가식적인 사랑으로 맺어지는 것이 보통이었다. 이제 현대 인들은 이런 요소들 이외에 결혼·처녀성·이성애·인종 차별·연령 차별·상호 불신 등도 순수한 관계를 억압하고 방해하는 제도 혹은 이데올로기적 요소들이라고 깨닫고 순수한 사랑을 갈구하고 있다. 결혼의 신성성이란 이데올로기에 사로잡혀 무조건 혼외정사를 비난하는 것은 위선적인 행동일 수 있다.

6 간통죄, 개인 혹은 국가의 책임

부부 갈등의 원인으로 성문제는 당사자들에게 심리적·사회적·경제적 문제들을 야기하는 중요한 고민거리이다. 그런데 사회는 부부 갈등의 원인을 단순하게 외도 같은 성적 문란의 탓으로 돌리고 공권력과 도덕으로 이를 재단하려는 경향이 있다. 그러나 사실상 오늘날의 부부 갈등과 가족 문제의 발생 원인은 개인의 자유의 확대와 자아의식의 발전 및 인권 의식의 성장 때문이다. 다시 말해서 많은 사람들이 형식적인 결혼제도나 비합리적인 성도덕, 그리고 이것들이 부과하는 부당한 사회적 책임에 대한 의문을 갖고 자각하게 되었기 때문이다.

이처럼 오늘날 내면적이고 개인사적인 관계들에 대한 자

아의식과 자기 결정권이 존중되어야 한다고 생각하는 개인과, 이 개인에 대해 통제를 하는 사회 간에 갈등과 괴리가 커져가고 있다. 이제 제도 및 법·국가·도덕의 이름으로 개인의 사랑과 부부 및 가족 관계를 통제하기가 점점 힘들어지는 사회가 되어가고 있다. 이러한 상황에서 개인은 기존 사회규범과 도덕을 경시하며 이중적인 행동을 취하게 된다. 예들 들어 간통이란 형법상의 죄목이 존재함에도 불구하고 많은 기혼자들이 범죄를 저지르는 일이다. 그러나 친고죄로 되어 있는 간통죄 고소 건수는 해를 거듭할수록 감소하고 있다.

경찰청 통계에 의하면, 간통죄 고소는 지난 1980년대 중반에는 매년 8천7백여 건씩 접수됐다. 이후 조금씩 감소하기 시작해 1991년 6천6백70건, 1997년 5천7백54건, 2000년 5천4백86건으로 줄어들었다. 또 2002년에는 4천8백34건이 접수돼 지난 86년의 57퍼센트 수준으로 감소했다. 여성의 경제적 지위도 높아가고 이혼이나 재혼에 대한 사회적 시선도 많이 바뀌어 감에 따라 부부간 합의 형식으로 부부 갈등을 끝내는 경우가 많아지고 있다는 말이다.

근래에 간통죄가 합헌이라는 헌법재판소의 판결이 있었

다. 여성의 권익을 보호하고 가족 해체의 사회 문제를 억제하기 위함이 간통죄 존치 이유의 주요 골자이다. 공권력이 부부 갈등 관계에 개입하여 개인에게 형벌을 줌으로써 개인의 사생활의 자유 및 행복 추구권을 침해하는 것이 정당하다는 결론을 내린 셈이다. 그러나 간통죄의 존치는 사랑과 성 등 감정과 자율적 선택의 개인사적인 부부 문제를 스스로 해결하지 못하고 국가 권력에 호소하는 미성숙한 시민 의식을 반영하는 것이다. 여성 불평등과 가족 해체에 따른 사회 문제는 간통과 상관없이 국가가 다른 법·제도·정책을 통해서 해결해야 할 일이다. 그런데 국가는 간통에 따른 문제와 책임을 개인에게 전가한다. 즉 간통을 한 개인에게 배우자의 생활과 복지를 책임지게 하는 것이다.

간통이나 그에 따른 결혼 생활의 파탄 그리고 그 해결은 전적으로 개인의 사적인 문제이다. 국가가 개입하지 않고 당사자 개인들이 합의를 도출하여 해결하는 것이 합리적이다. 이때 물론 결혼 생활의 파탄의 책임이 있는 자가 어느 정도 책임을 지는 것은 당연하다. 그러나 현실적으로 간통죄는 부부당사자들의 합리적 해결보다는 과도한 재산과 위자료 챙기기의 협박 수단으로 이용당하고 있다. 그리고 간통죄는 친고죄이기 때문에 간통한 자가 형사 구속되어 감옥에 가는 경우는 드물다. 그리고 비록 구속되더라도 보석 등으로 곧 풀려나는 등 법적 제재는 형식적이다. 이렇게 볼 때 국가는 한 개인을 보호한다는 구실 아래 개인의 애정 문제에 개입하여 다른 평범한 시민을 전과자로 만들고, 재산 문제를 해결하게 해주는 역할을 하는 것이다.

사실상 개인은 간통에 따른 윤리적 책임은 갖지만, 경제적 책임까지 모두 져야 하는 것은 아니다. 이 말은 개인이 전혀 경제적 책임이 없다는 말이 아니라, 국가가 더 많은 책임을 져야 한다는 말이다. 즉 양성 평등과 여성의 경제 활동을 위해 국가는 정책적 · 제도적 책임을 많이 져야 한다. 예를 들어 국가가 이혼 여성을 배려할 의지가 있다면, 취업 기회를 늘리고 이혼 가족수당을 지급하거나 호주제를 폐지하는 등의 정책적인 노력을 해야 한다.

우리 사회의 보수적이고 이중적인 성윤리와 사회적 안전망 구축의 미비로 볼 때, 당분간 간통죄의 폐지를 기대하기란 어려운 듯하다. 간통죄의 폐지는 국가가 여성 인권의 보호와 여성의 사회적 진출 기회를 좀더 확대한 다음에야 기대할 수 있게 되었다.

이젠 다시
유혹하지 않으련다

피에르 쌍소

서민원 옮김

섬세하고 정교한 글쓰기로 표현된, 온화하지만 쓴맛이 있는 이 글의 저자는 대체 누구를 더 이상 유혹하지 않겠다고 선언하는가? 여성들, 신, 삶, 아니면 그 자신인가?

여자를 유혹하는 남자들이 점점 사라져 가고 있다. 느림의 철학자 피에르 쌍소는 유혹자로서의 자신의 경험을 소설 같은 에세이로 만들어 그 궤적을 밟는다. 물론 또 다른 조류에 몸을 맡기기 전까지 말이다. 그것은 정겨움과 관대함으로 타인을 바라보는 신비의 조류이다. 이 책은 여성과 삶을 사랑하는 작가의 매우 유려한 필치로 쓰여진, 입가에 미소가 맴돌게 하면서도 무언가 생각하게 하는 책이다. 결국 우리로 하여금 보다 잘 성찰하고, 보다 잘 느끼며 더욱 사랑하라고 속삭인다.

"40년 전에는 한 여성이 유혹에 진다는 것은 정숙함과 자신의 평판을 포기한다는 것을 의미했습니다. 오늘날의 여성은 그럴 필요를 느끼지 않으니 자신을 온전히 내주지도 않지요. 유혹이 너무 일반화되어 그 비극적인 면을 잃고 말았어요. 반대로 누군가의 마음을 사로잡는다는 것, 서로 같은 조건에서 그에게 주의를 기울인다는 것은 유혹이나 매력 같은 것보다 한 단계 위의 가치입니다."

"이 세상의 아름다움과 미소를 함께 나누는 행복을 위해서라도 마음을 사로잡는 일은 누구에게나 하나의 의무라고 봐요. 타인은 시간과 더불어 그 밀도와 신비함을 더해 가고, 그와 나의 관계에서 풍기는 수수께끼는 거의 예술작품에 가까워지지요. 당신의 존재에 겹쳐지지만 투사하지는 않는 것, 그것이 바로 완전한 유혹이 아닐까요."

東文選 現代新書 113

쥐비알

알렉상드르 자르댕

김남주 옮김

아버지의 유산, 우리들 가슴속엔 어떤 아버지가 자리하고 있는가?

정신적 지주였던 아버지에 관한 자전적 이야기인 이 작품은, 소설보다 더 소설적인 부자(父子)의 삶을 감동적으로 담아내고 있다. 자녀들에게 쥐비알이라는 애칭으로 불렸던 그의 아버지 파스칼 자르댕은 여러 편의 소설과 1백여 편의 시나리오를 남겼다. 그 또한 자신의 아버지, 그러니까 저자의 할아버지에 대한 소설 《노란 곱추》를 발표하였으며, 이 작품 또한 수년 전 한국에 소개된 바 있다. 하지만 자유 그 자체였던 그의 존재 이유는 무엇보다도 여자를 사랑하는 일에 있었다. 그의 진정한 일은 여인을 사랑하는 것이었다, 특히 자신의 아내를.

그는 열여섯의 나이에 아버지의 여자친구인 거대한 재산 상속녀의 침대로 기운차게 뛰어들어 그녀의 정부가 되었으며, 자신들의 관계를 기념하기 위해 베르사유궁의 프티 트리아농과 똑같은 저택을 짓게 하고 파티를 열어 그의 아버지를 초대하는가 하면, 창녀를 친구로 사귀어 몇 달 동안 하루도 거르지 않고 서너 차례씩 꽃다발을 보내어 관리인으로 하여금 그녀가 혹시 공주가 아닐까 하는 착각에 빠지게끔 만들기도 하였다. 그런가 하면 자신의 어머니의 절친한 연인의 해골과 뼈를 집 안에 들여다 놓고, 그것이 저 유명한 나폴레옹 외무상이었던 탈레랑의 뼈라고 능청스레 둘러대다가 탄로나서 집 안을 발칵 뒤집히게 하는 등, 기상천외한 기행과 사랑의 모험을 한순간도 멈추지 않았다. 심지어 죽어서까지 그의 영원한 연인이자 아내였던 저자의 어머니에게 끊임없이 무덤으로부터 열렬한 사랑의 편지가 배달되게 하는가 하면, 17년이 지난 오늘날까지 그의 아내를 포함하여 그를 사랑했던 30여 명의 여인들을 해마다 그가 죽은 날을 기해 성당에 모여 눈물을 흘리게 하여, 그가 죽음으로써 안도의 숨을 내쉬었던 그녀들의 남자들을 참담하게 만들기도 하였다. 스위스의 그의 무덤에는 하루도 빠짐없이 지금까지도 제비꽃 다발이 놓이고 있다.

東文選 現代新書 44,45

쾌락의 횡포

장 클로드 기유보

김웅권 옮김

섹스는 생과 사의 중심에 놓인 최대의 화두 가운데 하나라고 할 수 있다. 성에 관한 엄청난 소란이 오늘날 민주적인 근대성이 침투한 곳이라면 아주 작은 구석까지 식민지처럼 지배하고 있는 것이다. 이제 성은 일상 생활을 '따라다니는 소음'이 되어 버렸다. 우리 시대는 문자 그대로 '그것' 밖에 이야기하지 않는다.

문화가 발전하고 교육의 학습 과정이 길어지면 길어질수록 결혼 연령은 늦추어지고 자연 발생적 생식 능력과 성욕은 억제하도록 요구받게 되었지 않은가! 역사의 전진은 발정기로부터 해방된 인간을 금기와 상징 체계로부터의 해방으로, 다시 말해 '성의 해방'으로 이동시키며 오히려 반문화적 현상을 드러내고 있다. 저자는 이것이 서양에서 오늘날 일어나고 있는 현상이라고 말한다. 서양에서 60년대말에 폭발한 학생 혁명과 더불어 본격적으로 시작된 '성의 혁명'은 30년의 세월을 지나 이제 한계점에 도달해 위기를 맞고 있다. 성의 해방을 추구해 온 30년 여정이 결국은 자체 모순에 의해 인간을 섹스의 노예로 전락시키며 새로운 모색을 강요하고 있는 것이다. 인간은 '섹스의 횡포'에 굴복하고 말 것인가?

과거도 미래도 거부하는 현재 중심주의적 섹스의 향연이 낳은 딜레마, 무자비한 거대 자본주의 시장이 성의 상품화를 통해 가속화시키는 그 딜레마를 어떻게 극복할 것인가? 저자는 역사 속에 나타난 다양한 큰 문화들을 고찰하고, 관련된 모든 학문들을 끌어들이면서 폭넓게 성 문제를 조명하고 있다.

東文選 現代新書 14

사랑의 지혜

알랭 핑켈크로트

권유현 옮김

수많은 말들 중에서 주는 행위와 받는 행위, 자비와 탐욕, 자선과 소유욕을 동시에 의미하는 낱말이 하나 있다. 사랑이라는 말이다. 그러나 누가 아직도 무사무욕을 믿고 있는가? 누가 무상의 행위를 진짜로 존재한다고 생각하는가? '근대'의 동이 터오면서부터 도덕을 논하는 모든 계파들은 어느것을 막론하고 무상은 탐욕에서, 또 숭고한 행위는 획득하고 싶은 욕망에서 유래한다는 설명을 하고 있다.

이 책에서 묘사하는 사랑의 이야기는 타자와 나 사이의 불공평에서 출발한다. 즉 사랑이란 타자가 언제나 나보다 우위에 놓이는 것이며, 끊임없이 나에게서 도망가는 타자로부터 나는 도망가지 못하는 것이다. 그리고 사랑의 지혜란 이 알 수 없고 환원되지 않는 타자의 얼굴에 다가가기 위해 애쓰는 것이다. 저자는 이 책에서 남녀간의 사랑의 감정에서 출발하여 타자의 존재론적인 문제로, 이어서 근대사의 비극으로 그의 철학적 성찰을 이끌어 가기 때문이다. 그러나 우리가 이웃에 대한 사랑을 이상적인 영역으로 내쫓는다고 해서, 현실을 더 잘 생각한다는 법은 없다. 오히려 우리는 타인과의 원초적 관계를 이해하기 위해서, 또 그것에서 출발하여 사랑의 감정뿐 아니라 다른 사람에 대한 미움의 감정까지도 이해하기 위해서, 유행에 뒤진 이 개념, 소유의 이야기와는 또 다른 이야기를 필요로 할 수 있다.

알랭 핑켈크로트는 엠마뉴엘 레비나스의 작품에 영향을 받아서 근대가 겪은 엄청난 집단 체험과 각 개인이 살아가면서 맺는 '타자'와의 관계에 대해서 계속해서 질문을 던진다. 이것은 철학임에 틀림없다. 그렇기는 하지만 구체적인 인물에 의해 이야기로 꾸민 철학이다. 이 책은 인간에 대한 인식의 수단으로 플로베르·제임스, 특히 프루스트를 다루며, 이들의 현존하는 문학작품에 의해 철학을 이야기로 꾸며 나간다.

현택수

프랑스 파리 소르본대학교 사회학박사
전 한국방송개발원(KBI) 선임연구원
현재 고려대학교 인문대 사회학과 부교수
주요 일간 신문과 시사 잡지 칼럼니스트로서 활동중
저서: 《문화와 권력》(편저) 《그래도 나는 벗기고 싶다》(문화비평집)
《노블레스 오블리주》《예술과 문화의 사회학》
《일상 속의 대중 문화 읽기》등
역서: 《강의에 대한 강의》《텔레비전에 대하여》《맞불》등
홈페이지(http://welove.korea.ac.kr/~hyunts)에서는
사회 문화 평론과 공개 일기 및 독자와의 토론을 통해
자유로운 비판적 지식인의 모습을 엿볼 수 있다.
E-mail: loveme@korea.ac.kr.

현대신서
172

현대인의 사랑과 성

초판발행 : 2004년 3월 15일
2 쇄발행 : 2007년 3월 10일

지은이 : 현택수
총편집 : 辛成大
펴낸곳 : 東文選
제10-64호, 78. 12. 16 등록
110-300 서울 종로구 관훈동 74
전화 : 737-2795

편집설계 : 李姃玟

ISBN 89-8038-493-9 04300
ISBN 89-8038-050-X(세트:현대신서)

김명혜 외 공편역, 《성·미디어·문화》, 나남출판.

브라이언 터너, 《몸과 사회》, 2002, 몸과 마음, 임인숙 역.

프리가 하우그, 《마돈나의 이중적 의미: 슬래이브 걸과 일상적 성사회화》, 1997, 인간사랑, 박영옥 역.

J. Butler, 1990, *Gender Trouble: Feminism and the Subversion of Identity*, Routledge.

P. Caplan, 1987(Ed.), *The Cutural Construction of Sexuality*, Routledge.

N. Chodorow, 1978, *Reproduction of Mothering*, University of California Press.

C. Gilligan, 1982, *In a Differant Voice*, Havard University Press.

T. De Lauretis, 1984, *Alice Doesn't*, Indiana University Press.

S. Hall & P. du GAY, 1996(Ed.), *Questions of Cultural Identity*, SAGE Publications.

D. N. Maltz & R. A. Borker, 1982, 〈A cultural approach to male-female miscommunication〉, in J. Gumperz(Ed.), *Language and social identity*, Cambridge University Press.

참고 문헌

이안 맥완, 《사랑의 신드롬》, 1999, 현대문학사, 승영조 역.

존 버거, 《어떻게 볼 것인가》, 1995, 현대미학사, 하태진 역.

아네트 로손, 《애인을 꿈꾸는 이유》, 1996, 한언, 민훈기 역.

안토니 기든스, 《현대 사회의 성 · 사랑 · 에로티시즘: 친밀성의 구조 변동》, 1996, 새물결, 배은경 · 황정미 역.

자크 솔레, 《성애의 사회사》, 1996, 동문선, 이종민 역.

베른하르트 슐링크, 《책 읽어 주는 남자》, 1999, 세계사, 김재혁 역.

제프리 웍스, 《섹슈얼리티: 성의 정치》, 1994, 현실문화연구, 서동진 · 채규형 역.

은희경, 《마지막 춤은 나와 함께》, 1998, 문학동네.

임정빈 · 정혜정, 《성 역할과 여성》, 1997, 학지사.

전경린, 《내 생에 꼭 하루뿐일 특별한 날》, 1999, 문학동네.

앤 카플란, 〈마돈나 기표의 정치학: 전복 · 변태 · 가면〉, 김명혜 외 공편 역, 《성 · 미디어 · 문화》, 1994, 나남출판.

장 클로드 코프만, 《여자의 육체, 남자의 시선: 토플리스 사회학》, 1996, 한국경제신문사, 김정은 역.

미셸 푸코, 《성의 역사》, 제1권, 이규현 역, 1990, 나남출판.

미셸 푸코 외, 《미셸 푸코, 섹슈얼리티의 정치와 페미니즘》, 1995, 새물결, 황정미 편역.